Université de France.

ACADÉMIE DE STRASBOURG.

THÈSE POUR LA LICENCE,

PRÉSENTÉE

A LA FACULTÉ DE DROIT DE STRASBOURG,

ET SOUTENUE PUBLIQUEMENT

Le lundi 24 août 1840, à trois heures et demie,

PAR

HUGUES-CHARLES-STANISLAS CASSAL,

D'ALTKIRCH (HAUT-RHIN).

STRASBOURG,
IMPRIMERIE DE G. SILBERMANN, PLACE SAINT-THOMAS, 3.
1840.

A MON PÈRE.

CH. CASSAL.

FACULTÉ DE DROIT DE STRASBOURG.

M. RAUTER, doyen de la Faculté.

M. HEPP, président de la thèse.

Examinateurs.
{
MM. HEPP,
HEIMBURGER,
THIERIET,
ESCHBACH, Professeur suppléant.
}
Professeurs.

La Faculté n'entend approuver ni désapprouver les opinions particulières au candidat.

DROIT CIVIL FRANÇAIS.

DES DROITS DONT LA JOUISSANCE EST ATTACHÉE
A L'ÉTAT CIVIL ET DE LA DISTINCTION QUI EXISTE
ENTRE LES FRANÇAIS ET LES ÉTRANGERS, RE-
LATIVEMENT A CETTE JOUISSANCE.

PROLÉGOMÈNES.

L'*état civil* est, en général, la capacité juridique dont jouit
l'homme dans l'état de société.

Les droits dont la jouissance est attachée à cet état, sont appelés
droits civils.

Les droits civils sont de deux espèces :

1° Les *droits politiques* ou *publics*. Ils consistent dans la faculté de
participer plus ou moins immédiatement soit à l'exercice, soit à l'é-
tablissement de la puissance et des fonctions publiques. Leur ensemble constitue la capacité juridique par rapport au Droit consti-
tutionnel , ou *l'état politique*.

2° Les *droits civils proprement dits* ou *droits privés*. Ils comprennent tous les avantages personnels et réels dont jouissent les Français et qui leur sont garantis par la loi civile. L'exercice et la jouissance de ces droits constituent *l'état civil* (*stricto sensu*).

Ces derniers droits sont *absolus* ou *relatifs*, suivant que l'on considère chaque homme en particulier, abstraction faite de ses relations sociales, ou qu'on y a égard.

———

La matière que nous avons à traiter se divise en deux grandes parties.

Dans la première nous examinerons les droits dont la jouissance est attachée à l'état civil;

Dans la seconde, nous traiterons de la distinction qui existe entre Français et étrangers, relativement à la jouissance des droits civils.

La première partie se subdivisera en deux chapitres, dont l'un traitera des droits politiques, l'autre des droits civils (*sensu stricto*). Ce dernier aura deux sections : l'une pour les droits absolus des Français, l'autre pour les droits relatifs.

La deuxième partie, nous la diviserons également en deux chapitres. Nous examinerons dans l'un ce qui a trait à l'étranger domicilié ; dans le second, nous verrons ce qui est relatif à l'étranger non domicilié.

———

PREMIÈRE PARTIE.

DES DROITS DONT LA JOUISSANCE EST ATTACHÉE A L'ÉTAT CIVIL.

CHAPITRE PREMIER.

DES DROITS POLITIQUES.

Les droits politiques ou civiques consistent dans la somme des capacités dont jouissent les Français aptes à concourir, médiatement ou immédiatement, à l'exercice des grands pouvoirs de l'État, la puissance législative, l'autorité exécutive ou administrative, le pouvoir judiciaire.

L'étendue plus ou moins grande des droits politiques dépend donc entièrement de la nature de chaque espèce de gouvernement. Immenses dans les démocraties, moins considérables dans les monarchies constitutionnelles, ils deviennent à peu près illusoires dans les monarchies absolues, nuls dans les États despotiques.

Avant la révolution, la puissance législative résidait tout entière dans les mains du monarque : la France ne comptait que des *sujets*. L'illustre Assemblée constituante fut la première qui établit la séparation de l'individu considéré comme sujet et de l'individu envisagé comme membre de l'État; la première elle l'associa au partage de la souveraineté et le fit *citoyen*, en lui conférant des droits politiques.

PARAGRAPHE 1er. *Comment s'acquiert l'état politique.*

L'état politique donnant droit à concourir à la direction des affaires de l'État, en attribuant à ceux qui le possèdent une partie de la

c   1.

souveraineté, on ne pouvait soumettre la capacité politique aux mêmes règles que la simple jouissance des droits civils.

Le Code, après avoir posé en principe que l'exercice des droits civils est indépendant de la qualité de citoyen, en d'autres termes, que l'on peut être Français sans jouir des droits politiques, déclare que ces derniers ne peuvent s'acquérir et ne se conserver que conformément à la loi constitutionnelle (art. 7).

Mais si l'on peut jouir des droits civils, les exercer, sans exercer en même temps les droits politiques, l'on ne saurait réciproquement être citoyen sans être Français. L'état politique dépend essentiellement de l'état civil ; il le présuppose.

La constitution à laquelle le Code renvoie, est l'acte du 22 frimaire an VIII. En nous reportant aux art. 2 et 3 de cette constitution, nous trouvons que la capacité politique s'acquiert de deux manières :

1° Par la naissance ;

2° Par la naturalisation.

DIVISION PREMIÈRE. — *De l'acquisition de l'état politique par la naissance.*

Sous l'empire de la constitution de l'an VIII, l'origine française n'était pas la seule condition requise pour la capacité politique. Outre qu'il fallait avoir la majorité politique, qui comme aujourd'hui était fixée à vingt et un ans accomplis, l'exercice des droits civiques était subordonné à l'observation de certaines formalités. C'était, d'une part, l'inscription sur les registres civiques de l'arrondissement communal ; et, d'autre part, la résidence pendant un an sur le territoire français, à dater de cette inscription.

D'autres conditions étaient encore exigées par la constitution de l'an III. Il fallait savoir lire et écrire, et de plus payer une contribution quelconque (art. 1er de cette constitution). Sur ce dernier point il était fait une exception en faveur de ceux qui avaient fait une ou plusieurs campagnes pour la cause de la liberté.

La Charte de 1830 est aujourd'hui notre loi constitutionnelle.
C'est à elle que nous devons recourir pour savoir à quelle époque,
sous quelles conditions commence l'exercice des droits politiques pour
les individus nés Français. Mais là-dessus notre Charte est muette ; il
n'y a plus aujourd'hui de registres civiques ; le stage politique d'un
an prescrit par la constitution de l'an VIII n'est plus exigé. Pouvons-
nous en conclure que cette constitution a été abolie implicitement
par la Charte? Nous pensons être fondé à décider le contraire,
l'art. 59 de la Charte laissant subsister toutes les lois qui ne sont pas
contraires à ses dispositions. Seulement c'est en vertu d'usages généralement adoptés que le stage politique n'est plus exigé, non plus que
l'inscription sur les registres civiques. L'introduction tout à fait nationale de cette dernière institution, l'a fait regretter par quelques
publicistes, parce qu'elle solennisait la promotion au rang de citoyen ; institution empruntée aux constitutions des anciens peuples
libres de la Grèce, particulièrement aux Athéniens, chez lesquels les
jeunes citoyens ne pouvaient arriver aux fonctions publiques qu'a-
près s'être fait inscrire sur les tables curiales et populaires.

Il faut donc conclure qu'aujourd'hui, sans être assujetti à des
formalités préalables, l'on est admis à participer de la puissance
publique à partir de l'âge de vingt et un ans accomplis, âg qui fixe
la majorité politique ainsi que celle civile.

Quelquefois la justice exige, la prudence commande que l'on
confère à des personnes encore mineures l'exercice de certains droits
civils. Dans leur intérêt, il devient nécessaire alors de suppléer à la
majorité civile par *l'émancipation*. Il n'est aucun acte qui puisse suppléer ainsi à la majorité politique ; l'exercice des droits conférés par
celle-ci rejaillit sur la société entière ; il est important de ne les
confier qu'à des personnes présentant des garanties convenables. Ce
ne sont au contraire que des intérêts privés qui sont compromis
dans l'exercice des droits civils accordés au mineur émancipé ;
presque toujours les actes qu'il fait peuvent même être redressés. Ne

nous étonnons pas, après cela, si le législateur a exigé de celui qui doit exercer les droits politiques, plus de garanties de capacité et de lumières que de la part de celui qui ne doit jouir que des simples droits civils.

DIVISION DEUXIÈME. — *De l'acquisition de l'état politique par la naturalisation.*

Les droits politiques sont d'une trop haute importance pour que l'exercice n'en doive pas être soumis à des garanties de dévouement à la chose publique. Le permettre aux étrangers, ce serait placer l'État sous une influence pernicieuse; ce serait en déprécier les membres.

L'origine de l'étranger de naissance est une tache qui devra être effacée avant qu'il puisse participer des droits du citoyen français. La société française l'adoptera. Cette adoption, l'un des actes les plus éminents de la souveraineté, confère à l'étranger la qualité de citoyen français; elle le rend apte à jouir de tous les droits civils et de presque tous les droits politiques.

Il y a deux espèces de naturalisation :

1° Celle qui se fait de plein droit ;

2° Celle qui est un bénéfice de la loi.

SUBDIVISION PREMIÈRE. — *De la naturalisation de plein droit.*

Quand un pays a été réuni à la France, soit par suite de conquête, soit par suite de traités, les habitants deviennent citoyens français; ils jouissent de plein droit de tous les droits civils et politiques, du moment que l'incorporation est devenue définitive par la cession. Si le fait de la réunion n'était pas encore consommé, il n'en serait pas de même : une simple invasion, par exemple, ne saurait opérer cette réunion, ni par suite conférer aux habitants du pays envahi aucun des droits attachés soit à l'état civil, soit à l'état politique.

Mais tous ces droits se perdent, la qualité de Français disparaît pour les habitants de pays ainsi réunis à la France, sitôt que les choses sont remises dans leur ancien état. Toutefois, les habitants des pro. vinces démembrées de la France par les traités de 1814, qui s'étaient établis sur l'ancien territoire par suite d'une réunion effectuée depuis 1791, ont pu, d'après la loi du 14 octobre 1814, conserver ou acquérir les qualités de Français et de citoyens français, sans avoir été astreints à l'accomplissement de toutes les formalités exigées pour la naturalisation des étrangers. Ils ont dû, à cet effet, déclarer dans les trois mois, à dater de la publication de cette loi, qu'ils persistent dans la volonté de se fixer en France et obtenir des *Lettres de déclaration de naturalité*. S'ils avaient déjà dix années de résidence en France, à compter de leur majorité, ces lettres leur conféraient à l'instant les droits de citoyens, à l'exception pourtant de ceux pour lesquels les lettres de grande naturalisation sont nécessaires. Ceux qui n'avaient pas encore les dix ans de résidence réelle dans l'intérieur du royaume, obtenaient les mêmes droits du jour où ces dix ans étaient révolus.

Les enfants de ceux qui n'ont pas profité du bénéfice de la loi du 14 octobre 1814, sont étrangers, malgré leur naissance sur l'ancien territoire français. Le seul bénéfice qu'ils puissent invoquer en leur faveur, est celui de l'art. 10 du Code civil, accordé aux enfants de ceux qui ont perdu la qualité de Français : ils pourront toujours recouvrer cette qualité, en remplissant les formalités prescrites par l'art. 9 du même Code.

SUBDIVISION DEUXIÈME. — *De la naturalisation par le bénéfice de la loi.*

Sous ce rapport, la naturalisation est une déclaration émanée du souverain, par laquelle il confère à un étranger l'ensemble des capacités politiques et civiles dont jouit le citoyen français. L'on appelle *Lettres de naturalisation,* l'acte qui contient cette déclaration.

Nº 1. *Qualités et conditions requises pour pouvoir être naturalisé.*

1º L'étranger doit avoir vingt et un ans accomplis.

2º Obtenir du roi l'autorisation d'établir son domicile en France (art. 13). Bien que la constitution de l'an VIII n'exigeât pas cette autorisation, mais une simple résidence de dix ans, une pareille résidence ne saurait plus de nos jours produire aucun effet. Pour être admis à la simple jouissance des droits civils, l'art. 13 du Code veut que l'étranger obtienne l'autorisation du gouvernement ; à plus forte raison cette autorisation est-elle nécessaire quand l'étranger veut acquérir la qualité de citoyen français. Un avis du conseil d'État du 20 prairial an XI déclare que le délai de dix ans ne commence à courir que du jour où l'autorisation de résider en France a été accordée.

3º Établir effectivement ce domicile en France et continuer d'y résider pendant dix ans (Constit. de l'an VIII, art. 3). Ce stage peut être réduit à une année. Un sénatus-consulte du 26 vendémiaire an XI et un autre du 19 février 1808 décident que « les étrangers qui rendront ou auront rendu des services importants à l'État, ou qui apporteront dans son sein des talents, des inventions ou une industrie utile, ou qui formeront de grands établissements, pourront, après un an de domicile, être admis à jouir des droits de citoyen français » (art. 1ᵉʳ du sénatus-consulte du 19 février 1808).

Nº 2. *Formalités.*

Pour établir son domicile en France, l'étranger doit en demander l'autorisation par supplique au roi. Elle lui est accordée s'il en est jugé digne.

La demande en naturalisation et les pièces à l'appui sont transmises par le maire du domicile du pétitionnaire au préfet, qui les adresse, avec son avis, au ministre de la justice (art. 2 du décret du 17 mars 1809).

D'autres formalités sont prescrites pour ceux en faveur desquels ont été portées les dispositions de l'art. 1er du sénatus-consulte du 19 février 1808. Nous en rapportons les art. 2, 3 et 4.

Art. 2. « Ce droit (de citoyen français) leur sera conféré par un décret spécial, rendu sur le rapport d'un ministre, le conseil d'État entendu. »

Art. 3. « Il sera délivré à l'impétrant une expédition dudit décret, visée par le grand-juge, ministre de la justice. »

Art. 4. « L'impétrant, muni de cette expédition, se présentera devant la municipalité de son domicile, pour y prêter le serment d'obéissance aux constitutions de l'empire et de fidélité à l'empereur. Il sera tenu registre et dressé procès-verbal de cette prestation de serment. »

Le serment prescrit par ce dernier article est celui qu'on appelait le *serment civique :* il ne se prête plus.

Avant les lois qui régissent aujourd'hui la matière qui nous occupe, les lettres de naturalisation étaient appelées *lettres de naturalité.* Elles s'obtenaient en la grande chancellerie et étaient vérifiées par la chambre des comptes; puis, après information sur la vie, les mœurs et la catholicité de l'impétrant, on les enregistrait à la même chambre.

N° 3. *De quelle autorité émanent les lettres de naturalisation.*

L'art. 1er du décret du 17 mars 1809 porte : « Lorsqu'un étranger, en se conformant aux dispositions de l'acte des constitutions de l'empire du 22 frimaire an VIII, aura rempli les conditions exigées pour devenir citoyen français, sa naturalisation sera prononcée par nous. »

C'est donc aujourd'hui le roi qui confère la naturalisation.

Il est un cas cependant qu'il faut excepter, et où le roi ne peut prononcer la naturalisation que sous la sanction des chambres législatives : c'est celui prévu par l'ordonnance du 4 juin 1814, art. 1er.

« Conformément aux anciennes constitutions françaises, aucun étranger ne pourra siéger, à compter de ce jour, ni dans la chambre des pairs ni dans celle des députés, à moins que, par d'importants services rendus à l'État, il n'ait obtenu des lettres de naturalisation vérifiées par les deux chambres. »

Ces lettres, connues sous le nom de *Lettres de grande naturalisation,* complètent les droits politiques. La disposition qui les a introduites est fondée sur ce qu'il importe surtout de ne voir siéger aux chambres que des hommes dont la naissance garantisse l'affection, le dévouement au souverain et aux lois de l'État, et qui, dès le berceau, aient été élevés dans l'amour de la patrie.

N° 4. *Effets des lettres de naturalisation quant aux enfants du naturalisé.*

La naturalisation du père emporte de plein droit celle des enfants qui lui surviennent après cette naturalisation. Si des lettres de grande naturalisation ont conféré au père le droit de siéger aux chambres législatives, ses enfants en profitent; ils jouissent du même droit, bien que le privilége des lettres vérifiées soit personnel. L'exercice de tous les droits politiques appartient donc aux enfants du naturalisé, sitôt qu'ils ont atteint leur vingt et unième année.

Mais pour les enfants nés antérieurement à la naturalisation du père, il n'en est plus de même; ils ne sauraient profiter du changement d'état de celui-ci. L'enfant suit, il est vrai, la condition de son père; mais c'est la condition qu'avait celui-ci lors de la naissance de l'enfant, et non celle qu'il peut avoir par la suite, s'il lui plaît d'en changer. En venant au monde, l'enfant acquiert un état civil; on ne peut lui en faire prendre un autre sans qu'il y consente. Cela est si vrai, qu'à Rome même, où l'autorité paternelle était illimitée, l'état qu'un enfant tenait de sa naissance était sacré; le père n'aurait jamais pu le priver de son état civil. Dans notre hypothèse, un père pourrait, par naturalisation, devenir Français et ses enfants rester étrangers.

TROISIÈME DIVISION. *De quelques classes d'individus que des lois particulières ont déclarés capables des droits politiques.*

1° *Enfants de religionnaires fugitifs.* D'après la loi du 9-15 décembre 1790, art. 22, et la constitution du 3-14 septembre 1791, titre II, art. 2, les descendants, à quelque degré que ce soit, de Français ou de Françaises expatriés pour cause de religion, ont été déclarés naturels Français, et comme tels admis à jouir en France de l'état civil et politique, sous la condition de s'y établir et de prêter le serment civique.

Nous avons déjà dit que ce serment ne se prête plus de nos jours. Il suffit donc aux enfants de religionnaires fugitifs de s'établir en France, pour y jouir de tous les droits civils et politiques.

2° *Juifs.* Des lettres-patentes du 28 janvier 1790, leur ont reconnu les droits de citoyens actifs. Ils jouissent donc de la même capacité politique que les autres citoyens français.

3° *Esclaves des colonies.* La loi du 28 septembre au 16 octobre 1791, porte, art. 2 : «Tout homme, de quelque couleur qu'il soit, jouit en France de tous les droits de citoyen, s'il a les qualités prescrites par la constitution pour les exercer.» Les esclaves sont libres sitôt qu'ils mettent le pied sur le sol français. Toutefois, pour empêcher l'affluence des nègres, un arrêté des consuls du 13 messidor an X a déclaré qu'ils ne peuvent entrer sur le territoire européen de la France sans une autorisation du gouvernement.

Les colonies ne sont point représentées aux chambres.

PARAGRAPHE DEUXIÈME. *Comment s'exercent les droits politiques.*

Voilà le Français jouissant des droits politiques. Sa naissance lui a donné un droit acquis à la qualité de citoyen ; la majorité a réalisé ce droit en lui conférant la capacité nécessaire à l'exercice des droits politiques. Voilà l'étranger naturalisé. En un mot, voilà des Français possédant l'état politique ; voilà des citoyens.

c   2.

Mais ces citoyens sont aptes seulement à prendre rang dans les corps politiques. D'autres conditions sont imposées à ceux qui prétendent y entrer. Il faut des garanties de lumières, de probité, de dévouement à la chose publique, garanties qui varient et que la loi exige plus ou moins sévèrement selon l'importance des fonctions à remplir. Nous allons faire voir en quoi elles consistent en général. Elles se rapportent :

1° *A l'âge.*

2° *Au sexe.* Les femmes n'ont point de capacité politique. C'est donc à tort que, sous la république, on les a si longtemps appelées citoyennes.

3° *A la fortune* (v. art. 1ᵉʳ et 59 de la loi du 5 février 1817, appelée *Code électoral*).

4° *Au domicile politique* (art. 102, Code civil ; art. 10, 11, 12, loi du 5 février 1817).

· 5° *A l'incapacité résultant de ce que l'on exerce déjà certaines autres fonctions.* Ainsi les fonctions de député sont incompatibles avec celles de préfet, de receveur-général, de receveur particulier des finances, etc (art. 64, *ibid.*).

6° *A la nationalité originaire* (loi du 4 juin 1814).

7° *A la non-existence d'empêchements absolus ni de suspensions.* Nous consacrerons un paragraphe particulier à l'examen de ce qui est relatif à ces empêchements.

8° Enfin, certaines fonctions, notamment les fonctions judiciaires, exigent que ceux qui en sont revêtus présentent des qualités particulières, tels que des titres académiques, un stage de travail, etc. L'acquisition de ces qualités dépend de la volonté de tout citoyen ; en les exigeant, on ne viole en rien le principe posé par l'art. 3 de la Charte.

PARAGRAPHE TROISIÈME. — *Des prérogatives attachées à l'état politique.*

Outre le droit de devenir membres des corps législatifs et des

colléges électoraux (v. l'art. 14 de la Charte et la loi du 5 février 1817),
l'état politique confère aux citoyens le droit d'être nommés aux diverses fonctions publiques qui se rattachent aux deux autres pouvoirs de l'État, l'ordre judiciaire et le pouvoir exécutif ou administratif. Tout citoyen français a donc le droit :

1° D'être nommé ministre et conseiller d'État (art. 58 de la const.
de l'an VIII).

2° Juge et procureur du roi près les Cours de cassation, d'appel
et près les tribunaux de première instance (art. 6 et 7, *ibid.*).

3° Préfet, sous-préfet, conseiller de préfecture (art. 59, *ibid.*).

4° Juge de paix et suppléant de juge de paix (art. 8 du sénatus-
consulte du 16 therm. an X).

5° Maire, adjoint (art. 10, *ibil.*).

6° Juré (art. 382, Code d'instruction criminelle).

7° Notaire (art. 7, const. de l'an VIII; art. 1er de la loi du 25 ventôse an XI).

8° Témoin dans les actes entre-vifs passés devant notaires (art. 9,
loi du 25 ventôse XI).

En un mot, toutes les fonctions tenant de l'un des pouvoirs cons-
titutifs de l'État, sont accessibles aux citoyens français.

Il est à remarquer que bien que l'art. 3 de la Charte déclare *tous
les Français* également admissibles aux emplois civils et militaires,
on ne saurait induire de là que la distinction entre *Français* et *citoyens* soit abolie implicitement par cet article ; en d'autres termes,
que le Français qui n'aurait pas la capacité politique, puisse être
admis aux emplois qui ne sont réservés qu'aux citoyens.

PARAGRAPHE QUATRIÈME. — *De la suspension et de la privation des droits
politiques.*

En conférant les droits qui résultent de l'ordre social, la société
s'est par cela même réservé le droit de les retirer, quand l'intérêt
de sa propre conservation l'exige, à tous ceux qui ne lui présente-

ront plus la garantie convenable du bon usage qu'ils feront de leurs capacités politiques, et de l'intégrité avec laquelle ils s'acquitteront de leurs devoirs sociaux.

Mais si l'honneur et la dignité nationale veulent que l'on frappe certains individus de la privation absolue des droits politiques, si la sûreté de l'État exige que l'on retranche à jamais de la communauté civique ceux qui ont déclaré ne plus reconnaître le contrat qui les liait à l'association politique, en renonçant à leur qualité de citoyens, ceux encore qui par leur conduite ont prouvé qu'ils ne seraient plus que des membres indignes et dangereux de la cité ; il est juste, d'un autre côté, que l'on ne prive des droits civiques que pour un temps déterminé ceux que l'on pourra présumer ne faire que temporairement un usage pernicieux de ces droits.

L'on peut donc être simplement suspendu des droits politiques, et l'on peut en être privé d'une manière absolue.

PREMIÈRE DIVISION. — *Quand l'exercice des droits politiques se trouve suspendu.*

L'on range dans la classe des personnes suspendues quant à l'exercice de leurs droits politiques :

1° Le débiteur failli.

2° Le détenteur à titre gratuit de la succession totale ou partielle d'un failli, ou son héritier immédiat. Bien que tous les Français soient égaux devant la loi, bien que les fautes soient personnelles, cette incapacité est maintenue par la Charte. La loi présumant des arrangements frauduleux entre le failli et son successeur immédiat, repoussant par ses principes sur la faillite toute considération en faveur des enfants pour ne consulter que l'intérêt des créanciers, a voulu flétrir au moins celui qu'elle présume être complice d'une fraude, et seconder ainsi la prospérité générale du commerce par une mesure qui, au premier abord, peut paraître injuste.

3° Les absents présumés ou déclarés.

4° L'interdit. La capacité politique présuppose l'exercice des droits civils ; l'interdit qui n'exerce pas ces derniers ne saurait par conséquent exercer les droits politiques (art. 5 de la constitution de l'an VIII).

5° L'individu condamné par contumace à une peine afflictive ou infamante (art. 5, *ibid.*). Nous ne pensons pas que l'accusation pour crime suspende l'exercice des droits politiques : notre système de législation pénale repousse une pareille opinion.

6° L'individu frappé d'interdiction civique pour un temps limité plus ou moins long. Cette interdiction est plus ou moins entière, selon la gravité du délit auquel elle s'applique. Quelquefois elle ôte seulement le droit de voter et d'être éligible (art. 109, 112 du Code pénal) ; d'autres fois elle rend le délinquant incapable de toutes fonctions publiques (art. 185, 187, 197 *ibid.*) ; d'autres fois enfin, elle frappe sur l'universalité des droits civiques (art. 113, 123, 374, 401, 405, 406, 410, *ibid.*).

Les personnes auxquelles on a donné un conseil judiciaire pour cause de prodigalité ou de faiblesse d'esprit, ne sont pas suspendues de leurs droits politiques.

DEUXIÈME DIVISION. — *De la privation absolue des droits politiques.*

L'on est totalement privé de l'exercice des droits politiques :

1° Par l'interdiction civique pour un terme illimité. Elle peut être aussi plus ou moins entière ; porter tantôt sur certains droits seulement (art. 42 du Code pénal), et tantôt frapper sur tous les droits politiques ; ce qui constitue alors la *dégradation civique* (art. 28 et 32 du Code pénal, modifiés par les art. 23 et 27 de la loi de révision de 1832).

2° Par toutes les causes qui font perdre la qualité de Français (art. 17 et 21 du Code civil).

3° Par la mort civile.

CHAPITRE II.

DES DROITS CIVILS PROPREMENT DITS.

PREMIÈRE SECTION. — *Des droits absolus et de la garantie qui leur est assurée par la législation française.*

Les droits absolus sont ceux qui appartiennent à chaque homme en particulier, considéré comme individu, indépendamment des relations qu'il peut avoir avec les autres hommes ou les autres membres de la société.

Ces droits, appelés aussi *droits naturels*, sont ceux que l'homme tient de la nature, dont il jouissait dans son indépendance primitive[1], et dont il doit continuer de jouir dans l'état civil. Le principal but de l'association civile est de maintenir l'homme dans ces droits : à leur égard les lois humaines sont purement *déclaratoires*; elles peuvent les expliquer, les développer, mais non les créer ni les maintenir. Ce n'est que dans les cas où le bien général en fait une nécessité qu'elles peuvent les restreindre, en usant de beaucoup de ménagement.

Les droits absolus peuvent se réduire à trois points principaux : *liberté, sûreté, propriété.*

Ces droits, auxquels peuvent se rattacher tous ceux que l'homme tient de la nature, qui procèdent même les uns des autres, le législateur en a garanti la jouissance et le libre exercice à tous ceux qui font partie de l'association civile française.

A. *Droit de liberté.* Il est de trois espèces :

1° *La liberté individuelle*, c'est-à-dire celle de la personne et des actions. Elle est garantie aux Français par l'art. 4 de la Charte de

---

[1] Nous n'entendons pas émettre ici l'opinion que l'*état de nature* soit une réalité; nous pensons au contraire que cet état ne peut être que le résultat d'une abstraction. Il n'en est pas de même des *droits naturels.*

1830; elle est tellement respectée qu'il n'est même pas permis d'y renoncer (art. 1780 du Code civil). Les lois sur la contrainte par corps, le bénéfice de cession de biens accordé au débiteur malheureux, les mesures rigoureuses prises par le Code pénal contre les détentions illégales (art. 114 à 122), peuvent être des garanties suffisantes contre toutes les atteintes à la liberté individuelle.

2° *La liberté d'opinion.* L'art. 7 de la Charte, en abolissant pour toujours la censure, a reconnu à tous les Français le droit de publier et de faire imprimer leurs opinions, en se conformant aux lois sur la presse.

3° Enfin, *la liberté de conscience* (art. 5 et 6 de la Charte). Chacun professe sa religion avec une égale liberté. Tous les cultes sont placés sur la même ligne. Voir le concordat fait avec le pape Pie VII, le 26 messidor an IX, promulgué comme loi de l'État le 18 germinal an X.

B. *Droit de sûreté personnelle.* Il consiste dans tout ce qui garantit la jouissance de la vie, l'inviolabilité du corps, des membres, de l'honneur. Toutes les atteintes portées à la sûreté personnelle sont sévèrement punies par nos lois pénales (art. 295 à 318 du Code pénal), qui permettent même, en certains cas où elles sont impuissantes pour protéger la conservation de la vie, d'employer tous les moyens dont peut user l'homme dans son indépendance naturelle; elles sanctionnent ainsi le droit de la légitime défense de soi-même (art. 321 à 329 du Code pénal).

La loi a encore assuré l'existence matérielle en consacrant la *dette alimentaire* entre parents à un degré déterminé (art. 205, 301, 349, 368, 762 du Code civil); et, d'un autre côté, en déclarant insaisissables les choses les plus nécessaires à la vie (Code de procédure, art. 580, 592, 581, n°s 2 et 4).

C. *Droit de propriété.* Les dispositions de nos Codes sur la transmission et la conservation des propriétés, l'art. 8 de la Charte qui les déclare toutes inviolables, l'art. 57 de la même Charte qui abolit

c

pour toujours la peine de la confiscation des biens, garantissent pleinement le droit de propriété aux Français.

Tels sont les droits naturels ou absolus de l'homme ; l'exercice et la jouissance en sont assurés à tous les Français quels qu'ils soient. Ils ne sont même pas retirés au mort civilement qui en jouit pour tout ce qui n'entrave pas l'application de la peine qu'il doit subir.

DEUXIÈME SECTION. — *Des droits civils relatifs.*

Les droits civils relatifs sont ceux qui dérivent des relations que les membres d'une même société ont entre eux.

Ces droits qui sont en très-grand nombre et qui sont susceptibles d'être multipliés, variés à l'infini, font l'objet de la majeure partie des dispositions du Code ; leur explication forme la partie la plus considérable de la jurisprudence.

PARAGRAPHE PREMIER. *De l'acquisition des droits civils.*

Tout Français jouit des droits civils (art. 8 du Code civil ; art. 1er de la Charte). C'est un bienfait qu'il tient de la loi : il ne peut en être privé que par sa faute ou par sa volonté. Mais ni le Code, ni la Charte ne déterminent d'une manière précise quelles sont les personnes qui sont en droit de prendre la qualité de Français.

C'est donc à la doctrine à déterminer quels sont ceux qui sont Français, comment cette qualité s'acquiert, et quelles sont les autres personnes qui peuvent jouir des droits civils.

N° 1. *De l'acquisition des droits civils par la naissance.*

La qualité de Français de naissance s'applique :

1° Aux personnes des deux sexes nées en France, ou de père et de mère indigènes, ou d'une mère indigène et d'un père inconnu, ou de père et de mère inconnus.

L'enfant adultérin ou incestueux, s'il est né en France, est Français de naissance. Ne pouvant être ni légitimé (art. 331 du Code civil, ni reconnu (art. 335), n'étant pas admis à la recherche de la paternité ni à celle de la maternité (art. 342), il doit appartenir à la nation au sein de laquelle il a reçu le jour.

2° Aux personnes nées en pays étranger d'un Français qui n'a point perdu cette qualité (art. 10). L'enfant naturel né en pays étranger d'une étrangère et reconnu par un Français, suit aussi la condition de celui-ci.

La difficulté devient plus grande, si les enfants nés en pays étranger sont incestueux ou adultérins. Il est nécessaire pour déterminer s'ils sont Français ou non, de faire une distinction entre ceux dont la filiation aurait été reconnue par jugement ou arrêt et ceux à l'égard desquels aucun jugement pareil ne serait intervenu. Ces derniers ne pouvant jamais prouver leur origine, ne sauraient prétendre à la qualité de Français; mais ceux dont l'origine française a été constatée authentiquement par jugement, dont l'état a été ainsi reconnu, ceux-là sont Français de naissance.

Est encore Français de naissance, l'enfant naturel né en pays étranger d'une Française qui n'a point perdu cette qualité.

N° 2. *Des personnes qui, à raison de leur naissance, peuvent acquérir l'état civil français par un bénéfice de la loi.*

Dans cette classe il faut ranger :

1° L'enfant légitime, né en France, de père et de mère étrangers, de père étranger et de mère française.

2° L'enfant naturel, né en France, de mère française et de père étranger, si celui-ci l'a reconnu.

3° L'enfant naturel, né en France, de mère étrangère et de père inconnu.

Tous ces individus sont assimilés, s'ils le veulent, aux Français de naissance. Il suffit qu'ils réclament cette qualité dans l'année qui

c   3.

suit l'époque de leur majorité, et qu'ils déclarent, s'ils résident en France, que leur intention est de s'y fixer; ou bien, dans le cas où ils résideraient en pays étranger, qu'ils fassent leur soumission de fixer en France leur domicile, et qu'ils l'y établissent dans l'année à compter de l'acte de soumission (art. 9).

Mais jusqu'à ce qu'ils aient fait la déclaration dont nous venons de parler, ils sont tous étrangers. S'ils meurent avant d'avoir atteint leur majorité, qui, du reste, est la majorité française; bien plus, s'ils décèdent majeurs, mais sans avoir rempli les formalités prescrites par l'art. 9, ils sont morts étrangers. Cela était important, surtout avant la loi du 14 juillet 1819 abolitive des droits d'aubaine et de détraction.

4° L'enfant, naturel ou légitime, né soit en France, soit à l'étranger, de parents qui ont perdu la qualité de Français.

Celui-ci aussi est assimilé, si telle est sa volonté, à celui qui est né Français. Aux termes de l'art. 10, il peut toujours, à toutes les époques de sa vie, recouvrer la qualité de Français, en remplissant les formalités prescrites par l'art. 9. Mû par la faveur due à l'origine du père dont les fautes ne peuvent être préjudiciables qu'à lui-même, et qui ne peut ravir à ses enfants les avantages de leur origine, le législateur a fait ici une exception à la règle générale que l'enfant suit l'état de son père. Anciennement il ne fallait à ces enfants que les lettres de déclaration de naturalité pour jouir des droits attachés à la qualité de Français.

Toutefois, les individus ainsi naturalisés sont soumis à la disposition de l'art. 20. Ils ne peuvent profiter que des droits ouverts pour eux après l'époque de leur déclaration. Leur réintégration ne doit pas être un signal de discorde et de trouble dans les familles.

Pouvant *toujours* réclamer la qualité de Français, ils pourront la réclamer aussi pendant leur minorité. L'assistance d'un tuteur *ad hoc* sera nécessaire en pareil cas.

L'art. 10 consacrant une exception ne peut être étendu à d'autres personnes. Les petits enfants et autres descendants ne sauraient donc profiter de. ce bénéfice.

N° 3. De l'acquisition de l'état civil par la naturalisation.

Nous avons déjà vu que la naturalisation confère l'état politique. Celui-ci présupposant la jouissance des droits civils, il est évident que la naturalisation, conférant les droits politiques, confère à plus forte raison l'état civil. Il est inutile par conséquent de nous en occuper ici.

Nous en dirons autant de la naturalisation qui s'opère de plein droit par la réunion d'un pays au territoire français.

N° 4. De l'acquisition des droits civils par suite de l'autorisation accordée par le roi à l'étranger d'établir son domicile en France.

D'après l'art. 13, l'étranger qui a été admis, par autorisation du roi, à établir son domicile en France, y jouit de tous les droits civils tant qu'il continue d'y résider. Cette autorisation, suivie de la résidence, forme pour l'étranger, dans le cas où il voudrait devenir Français, le commencement ou le premier degré de la naturalisation. Après dix ans de domicile, il ne lui manque plus, pour la compléter, qu'une ordonnance royale qui la prononce (décret du 17 mars 1809 [1]).

Jusques-là, l'étranger se trouve dans une position précaire. Le gouvernement peut toujours lui retirer son autorisation, s'il s'en rend indigne. Et bien qu'il jouisse réellement de nos droits civils, il est soumis invinciblement aux lois de son pays, pour ce qui re-

[1] Ce décret est inconstitutionnel. La constitution de l'an VIII alors en pleine vigueur n'exigeait pas cette ordonnance. Toutefois cette sanction de la naturalisation par le souverain, se fait conformément aux principes de l'ancien Droit, d'après lesquels ce n'étaient que les lettres de naturalité qui conféraient la plénitude des droits civils.

garde sa capacité personnelle. Ainsi, par exemple, il ne pourrait invoquer en sa faveur les dispositions du Code civil relatives à la fixation de la majorité, ni se prévaloir de celles qui déterminent le degré de parenté auquel il est permis de contracter mariage.

Nº 5. De l'acquisition des droits civils par suite de traités.

L'étranger jouit en France des mêmes droits civils qui sont ou seront accordés aux Français par les traités faits avec la nation à laquelle cet étranger appartient (art. 11 du Code civil). Nous développerons dans un autre lieu le système de réciprocité établi par cet article.

Nº 6. De l'acquisition de l'état civil par le mariage.

La faveur attachée au lien conjugal, les rapports de toute nature qui existent entre les deux époux, la prééminence de l'un des sexes sur l'autre, ont fait établir la maxime que la femme suit la condition de son mari. L'étrangère acquiert par son mariage avec un Français l'état civil de celui-ci; elle jouit des mêmes droits civils que lui, sauf les restrictions que des considérations d'un autre ordre ont fait introduire, et qui les limitent ou en soumettent l'exercice à certaines conditions.

L'étrangère ainsi devenue Française conserve cette qualité, malgré la dissolution du mariage provoquée par la mort naturelle ou civile de son mari. Son mariage lui a conféré une sorte de naturalisation tacite, naturalisation qu'une circonstance indépendante de sa volonté ne saurait lui faire perdre.

Nº 7. Des enfants de religionnaires fugitifs.

Nous en avons déjà parlé, ainsi que d'autres classes de personnes qui ont acquis l'état politique par le bénéfice de diverses lois particulières : nous ne faisons donc que les mentionner ici.

Nº 8. *De l'affranchissement dans les colonies.*

Ici se terminerait l'énumération des différentes manières dont on acquiert les droits civils, si par respect pour le malheur de l'humanité souffrante, il n'était nécessaire d'indiquer un dernier moyen qu'en France, plus que partout ailleurs, on devrait ignorer. La loi du 3o floréal an X, en rétablissant dans nos colonies l'esclavage qu'avaient aboli deux décrets de la Convention, a voulu qu'il y fût maintenu, conformément aux lois et règlements antérieurs à 1789. Parmi ces lois et règlements, on remarque particulièrement un édit de mars 1685, connu sous le nom de *Code noir*. Les art. 57 et 59 de cet édit déclarent que les affranchis jouissent pour tous leurs biens comme pour leurs personnes des mêmes avantages que les Français eux-mêmes. Parmi les modes d'affranchissement, il n'est pas sans intérêt de mentionner le mariage d'un esclave de l'un ou de l'autre sexe avec une personne libre.

L'art. 64 de la Charte de 1830 a maintenu toutes ces dispositions en déclarant que les colonies sont régies par des lois particulières.

PARAGRAPHE DEUXIÈME. *Comment s'exercent les droits civils.*

S'il n'y avait aucune différence entre les nombreuses classes de personnes qui sont appelées à jouir des droits civils, rien de plus facile que de déterminer l'exercice de ces droits ; il ne souffrirait aucune réserve, aucune modification ; chacun en userait à sa volonté. Mais il serait dangereux pour certaines personnes, dangereux pour la société, faisant même abstraction de tout empêchement physique, que certaines classes d'individus jouissent des avantages résultant de l'état civil, aussi librement, aussi pleinement que ceux dont aucune cause ne restreint l'exercice des facultés. De là la distinction entre l'exercice et la jouissance, entre la plénitude et la non-plénitude des droits civils ; de là la suspension et l'interdiction des mêmes droits ; de là l'emploi de toutes ces personnes publiques placées entre la société et l'individu qu'elles représentent ou qu'elles assistent, connues sous le nom de tuteurs, subrogés-tuteurs, curateurs, conseils judiciaires, et, en général, administrateurs.

L'exercice des droits civils se modifie donc suivant les personnes qui sont appelées à en jouir, suivant leurs qualités physiques, intellectuelles ou morales, et aussi suivant les rapports de localité. Ces différentes qualités et ces rapports nous serviront à établir nos distinctions.

PREMIÈRE DIVISION. — *Influence des qualités physiques sur l'exercice des droits civils.*

Les personnes, quant à leurs différences physiques, sont :

1° *Conçues* ou *nées*. Ces dernières peuvent être nées *vivantes* ou *mortes, viables* ou *non viables*. L'individu né mort ou non viable est censé n'avoir jamais eu d'existence ; il ne peut transmettre aucun droit ; il n'a eu aucune capacité juridique, aucun droit civil.

L'enfant qui est conçu est censé né toutes les fois qu'il s'agit de son intérêt. Il peut en conséquence succéder (art. 725 du Code civil), recevoir par donation entre-vifs ou testamentaire (art. 906, *ibid.*), à la condition toutefois qu'il naisse viable. Ses droits sont exercés tantôt par un *curateur au ventre* (art. 393), tantôt par son père ou par sa mère, ou par un autre ascendant, lorsqu'il s'agit d'accepter une donation (Arg. art. 935).

2° *Hommes* ou *femmes*. En règle générale, les personnes de l'un et de l'autre sexe ont la même capacité juridique.

Une première exception à ce principe, c'est que les femmes, incapables des droits politiques, sont exclues des fonctions que le droit civil assimile aux emplois publics, telles, par exemple, qu'une tutelle, une curatelle (art. 442). La mère et les ascendantes peuvent cependant être tutrices ; mais elles ne sauraient témoigner dans les actes solennels (art. 37, 980).

Les droits civils des femmes sont bien plus restreints encore quand elles sont mariées (art. 108, 228, 230 cbn. avec l'art. 2 de la loi du 28 mai 1816, 381, 391, 395, 399, 400, 1124, 1125, 1940 du Code civil). Soumises à l'autorité maritale, elles ne peuvent, sans l'autorisation de leurs maris, ou, à défaut de cette autorisation, sans celle de la justice, faire la plupart des actes résultant du Droit civil (art. 215, 217, 219, 776, 934, 1029, *ibid.*). Ce principe souffre exception, par exemple dans les cas des art. 216, 220, 226, 905, alin. 2 du même Code.

Si les droits des femmes sont limités sur bien d'autres points encore, elles jouissent à leur tour de différents priviléges dont ne jouissent pas les hommes (voir les art. 12, 124, 144, 148, 152, 394, 2121, 2154 du Code civil; 113, Code de commerce; art. 2, n°¹ 1 et 3 de la loi du 17 avril 1832; voir de plus tout le titre du contrat de mariage.

3° Les personnes se distinguent encore en *majeures* et *mineures.* En France, la majorité est fixée à l'âge de vingt et un ans accomplis (art. 488 du Code civil). C'est à cet âge seulement que le Français est capable de faire par lui-même et d'une manière valable tous les actes de la vie civile, sauf un petit nombre d'exceptions qui se réfèrent, soit au droit de contracter mariage sans le consentement des ascendants (art. 148 à 153 *ibid.*), soit à l'adoption (art. 343, 346), soit à la tutelle officieuse (art. 361), soit enfin à certaines incapacités relatives, comme celles consacrées pour les docteurs en médecine et en chirurgie et pour les ministres du culte, par l'art. 909; pour les tuteurs, par l'art. 907; pour les époux entre eux, par les art. 1094, 1098, 1595 du même Code.

Certains droits exceptionnels sont réservés à l'âge avancé. On en trouve des exemples dans les art. 343, 361, 433 du Code civil; art. 800, n° 5, Code de procédure civile; art. 4, 6, 18, loi du 17 avril 1832.

Le mineur est privé de l'exercice des droits civils jusqu'à ce qu'il

c   4 ait atteint l'âge de majorité, ou que l'émancipation lui en ait conféré une partie. L'administration de ses biens et de sa personne est confiée à son père (art. 372, 373, 389 du Code civil) ; à défaut du père, à un tuteur, en présence duquel on place un contradicteur permanent appelé subrogé-tuteur, dont les fonctions consistent aussi à remplacer le tuteur, si les intérêts de celui-ci sont en opposition avec ceux de son pupille (art. 450, 420, *ibid.*). Un conseil de famille est chargé de veiller de plus haut aux intérêts du mineur ; quand il s'agit d'actes plus sérieux que ceux de simple administration, son autorisation devient nécessaire (art. 457, 461, 463, 464, 465, 776, 935, *ibid.*). Quelquefois même l'importance des actes exige l'intervention de la justice (art. 457, 458). S'il s'agit d'une transaction, il faut plus de précautions encore ; l'art. 467 ordonne de prendre l'avis de trois jurisconsultes désignés par le procureur du roi.

Néanmoins il est certains droits civils dont l'exercice est permis au mineur. A dix-huit ans pour les hommes, à quinze ans pour les femmes, ils peuvent contracter mariage (art. 144 du Code civil) ; consentir toutes les conventions dont ce contrat est susceptible. Ces conventions subsistent ; toutes donations par eux faites à cette occasion sont valables, pourvu que, lors du contrat, ils aient été assistés par les personnes dont le consentement est nécessaire pour la validité du mariage. (art. 1398, *ibid.*).

D'autres droits sont encore réservés au mineur. C'est ainsi que, s'il est âgé de plus de seize ans, il peut disposer par testament de la moitié dont il est permis au majeur de disposer (art. 904), pourvu cependant que ce ne soit pas au profit de son tuteur (art. 907, *ibid.*).

Entre le majeur et le mineur nous plaçons le mineur émancipé, qui a déjà l'exercice d'une grande partie des droits civils. La loi lui permet, en général, de faire tous les actes de simple administration (art. 481, 487 du Code civil). Elle lui interdit les autres (art. 480, 482, 840, 935).

4° Enfin l'on distingue les personnes qui se trouvent en état de santé de celles qui sont dans un état de maladie. Cet état peut être passager ou permanent ; au dernier cas, il constitue ce qu'on appelle une *infirmité*. Nos lois accordent aux personnes malades ou infirmes certains priviléges (art. 312, 434, 936, 979, 982), leur interdisent certains actes ou limitent les capacités des autres à leur égard (art. 909, 1975, *ibid.*).

DEUXIÈME DIVISION. — *Influence des qualités intellectuelles sur l'exercice des droits civils.*

L'usage habituel de la raison est nécessaire à tout individu, pour qu'il soit capable des actes de la vie civile. Nous avons déjà examiné ce qui concerne celui chez lequel elle n'a pas encore reçu son entier développement ; nous voulons dire, le mineur. Il nous reste à parler de ceux dont la raison a reçu des atteintes graves par suite de maladie ou d'accidents, et de ceux qui en sont totalement privés.

L'état d'insanéité de l'esprit peut être *continuel* ou seulement *temporaire*. L'incapacité, qui est la suite du premier, résulte de l'interdiction légale ; les actes faits par celui qui se trouve sous le coup de cette interdiction sont nuls de plein droit, quand même ils seraient faits dans un intervalle lucide. Lorsque cet état n'est que temporaire, l'incapacité qui en est la suite résulte de diverses circonstances qu'il appartient au juge d'apprécier. Dans ce cas, l'incapacité n'étant pas légalement constatée, la nullité de l'acte n'est pas absolue : elle doit être prononcée par justice, et c'est à celui par qui l'acte est attaqué qu'il appartient d'administrer la preuve de l'incapacité.

Dans cette dernière classe d'incapables se rangent ceux qui, quoique n'étant pas interdits, sont cependant dans un état d'insanéité que des parents, espérant sa guérison, n'ont pas fait déclarer par le juge, à raison de ce qu'ils présumaient que le malade reviendrait à meilleure raison ; ceux encore qui se sont trouvés momentanément dans un état tel qu'il serait impossible de prétendre qu'ils ont agi avec

c   4.

discernement, comme l'état d'ivresse, une fièvre délirante; ceux enfin dont l'incapacité était notoire à l'époque où l'acte a été fait
(art. 503 du Code civil).

La personne et les biens de l'interdit sont administrés de la même
manière que la personne et les biens du mineur. Les lois sur la tutelle de ceux-ci s'appliquent à la tutelle des interdits (art. 509). Toutefois, certaines dispositions sont spéciales pour le mineur art. 468,
1307, 1398); d'autres sont spécialement applicables à l'interdit
(art. 510, 511, 1940. Voir les titres X, chap. II et tit. XI, chap. II,
liv. Ier du Code civil).

Nous faisons une classe à part des prodigues et des personnes dont
l'interdiction aura été provoquée, mais que le juge n'aura pas cru
devoir interdire, et auxquelles il se sera contenté de nommer un conseil
judiciaire (Code civil, art. 499). Jouissant de tous les droits que la
loi civile ne leur enlève pas, ils peuvent disposer par donations entre-
vifs, avec l'assistance de leurs curateurs. Pour la capacité de tester,
il faut distinguer : quant au prodigue, nul doute qu'il puisse disposer par acte de dernière volonté. Mais pour ce qui regarde le faible
d'esprit, c'est une question de fait abandonnée nécessairement à
l'appréciation des tribunaux. Il s'agira de savoir si, au moment
du testament, l'incapable avait assez de raison pour pouvoir tester.
La présomption sera d'ailleurs en faveur de l'acte, puisqu'on a reconnu, en ne lui nommant qu'un conseil judiciaire, que son état
n'était pas assez alarmant pour le soumettre à l'interdiction.

TROISIÈME DIVISION. — *Influence des qualités morales sur l'exercice des
droits civils.*

En thèse générale, les qualités morales ne sauraient aucunement
influer sur l'état civil des personnes. Quiconque ne transgresse pas
les lois, est par cela même à l'abri de toute recherche judiciaire sur
ses mœurs privées et ses opinions morales. Admettre un système
contraire, incriminer toutes les actions immorales, ce serait pro-

clamer la théocratie, ce serait autoriser son inquisition incessante et tyrannique, incompatible avec nos usages, nos institutions, incompatible avec l'esprit de notre législation pénale. Pour que l'immoralité d'un individu puisse lui enlever en tout ou en partie ses droits civils, il faut que cette immoralité ait été constatée authentiquement par jugement ; nos lois ne connaissent plus ce qu'on appelait autrefois *infamie. légale,* qui frappait certaines classes de personnes, entre autres les comédiens, les exécuteurs des hautes-œuvres, les enfants naturels. Si la loi refuse à ces derniers certains droits de famille, ce n'est pas qu'elle les flétrisse d'une qualité immorale; c'est uniquement pour protéger la paix des familles. Les enfants incestueux mêmes et les adultérins que la loi repousse avec tant de rigueur, auxquels elle semble n'accorder des aliments que par pitié, jouissent, dans l'ordre politique et civil, de toutes les prérogatives attachées à la qualité de citoyen français.

Il est des personnes pourtant qui, à raison de leurs dispositions morales, sont privées de certains droits civils, sans que cette immoralité ait été légalement constatée par une sentence judiciaire : ce sont celles dont l'inconduite notoire, l'infidélité présumée (Code civil, art. 444), la mauvaise foi quoique non reconnue en justice (art. 202, 549), ou les passions (art. 442, n° 4, 495), donnent lieu à protéger les autres contre les suites de leur conduite morale, et à leur retirer les droits dont ils pourraient faire un usage pernicieux. Hors ces cas, si la conduite morale d'un individu doit le priver de tout ou partie de ses droits, il faut qu'une sentence judiciaire ait prononcé contre lui une condamnation (art. 232, cbn. art. 2, loi du 28 mai 1816; 340, 343, 445, 727, 792, 955 du Code civil). — Voir les dispositions du Code pénal sur la récidive, sur la graduation de la peine, et sur la compétence des juges criminels à raison de la qualité des personnes et de la nature des délits.

Nº 1. *Du domicile.*

Le domicile est le lieu où une personne est censée toujours présente par rapport à ses droits ou à ses devoirs civils.

Il est *général,* lorsqu'il est déterminé, soit par une disposition de la loi qui fixe d'une manière absolue le lieu où certaines personnes sont toujours réputées présentes (Code civil, art. 103, 106 à 109), soit par la circonstance de fait qu'une personne s'est établie dans un lieu avec l'intention de continuer d'y résider.

Il est *spécial,* lorsqu'il repose ou sur la loi qui, pour des fins spéciales (art. 74, 167), assimile quelquefois une simple résidence à un véritable domicile, ou sur le choix volontaire ou forcé d'une personne (art. 176, 2148, nº 1).

L'effet principal du domicile général d'une personne, est de fixer la compétence des autorités publiques et des officiers ministériels auxquels elle est obligée de s'adresser pour les actes juridiques qu'elle est dans l'intention de faire, et auxquels les tiers sont tenus de recourir pour obtenir contre elle l'exécution forcée de ses engagements. Ainsi, ce domicile détermine le tribunal où l'on doit être assigné en matière personnelle (Code de procédure, art. 2, 59, 68) ; celui qui doit connaître des contestations relatives à la succession d'une personne (Code civil, art. 110, 822) ; celui qui devra, le cas échéant, prononcer son interdiction.

Le domicile élu qui est le domicile spécial principal, renferme une convention par laquelle l'une des parties se soumet, en faveur de l'autre, à la juridiction des tribunaux du domicile élu, pour tout ce qui concerne l'exécution forcée de l'acte en vue duquel elle est faite. L'élection de domicile confère en outre mandat à la personne résidant au lieu du domicile élu, de recevoir, au nom des parties, les significations et sommations qui devraient être faites à leur personne ou à leur domicile général.

N° 2. *De l'absence.*

Quand quelqu'un a disparu de son domicile, lorsqu'on ne connaît même pas sa résidence, qu'on ne reçoit de lui aucune nouvelle, qu'on ne sait enfin pas s'il est encore en vie, on l'appelle *absent.* La loi veille pour lui à la conservation de ses intérêts ⸴ qu'elle doit concilier, autant que possible, avec ceux des personnes présentes.

L'absence, dans le sens vulgaire du mot, a aussi quelques effets (Code civil, art. 819, 840; Code de procédure civile, art. 928, 942, 943) ; elle en a même, bien qu'elle ne soit que momentanée (Code de procédure civile, art. 68).

Les conséquences juridiques de l'absence varient suivant que la présomption de vie l'emporte sur celle de mort, ou la présomption de mort sur celle de vie. D'après cela, l'on distingue trois périodes dans l'absence.

Dans les premières années après la disparition de l'absent, ou la réception de ses dernières nouvelles, il est réputé plutôt vivant que mort ; les mesures prescrites par la loi pendant cette première période, qu'on appelle *présomption d'absence,* ont toutes pour but la conservation de son patrimoine (Code civil, art. 112, 113, 114).

Si la présomption d'absence a continué pendant un certain nombre d'années, qui varie suivant que l'absent a laissé ou non une procuration, la présomption de vie cesse de l'emporter sur celle de mort ; toutes les personnes qui ont des droits subordonnés au décès de l'absent peuvent les exercer, et se faire envoyer en possession provisoire de ses biens : seconde période (*ibid.,* art. 115 à 128).

Enfin si, depuis l'envoi en possession provisoire des biens, l'absence a continué pendant trente ans encore, ou si, depuis la naissance de l'absent, cent années se sont écoulées, la présomption de mort l'emporte sur celle de vie ; les personnes envoyées en possession provisoire peuvent se faire envoyer définitivement en possession des biens de l'absent. C'est la troisième période de l'absence (*ibid.,* art. 129 à 134).

Les autres effets de l'absence concernent ; 1° les biens et les droits éventuels qui s'ouvrent pour l'absent (art. 135 à 138); 2° le mariage, que l'absence la plus longue ne peut jamais dissoudre (art. 139, 140) ; 3° la surveillance des enfants mineurs, qui reste au conjoint présent, s'il existe, ou que l'on confie à un tuteur provisoire (*ibid.,* art. 141, 142, 143).

TROISIÈME PARAGRAPHE. — *En quoi consistent les droits civils. — Quels en sont les objets.*

En France (dit M. Gaschon, auteur du *Code diplomatique des aubaines*), plus que partout ailleurs, les droits civils reçoivent tant de modifications, comportent tant de capacités différentes, qu'il serait aussi difficile de bien les examiner que de les bien définir.

Les rédacteurs du Code civil ont reculé aussi devant cette tâche difficile. Le tribunat avait sollicité vivement la définition des droits civils. Les controverses qu'une pareille définition pouvait faire naître, la variété presque incalculable des droits dont on pouvait jouir, le danger d'une omission, toutes ces raisons ont amené le législateur à abandonner à la doctrine et à la jurisprudence la détermination des droits dont les Français sont appelés à jouir.

Sans prétendre à notre tour examiner complètement les droits attachés à l'état civil, nous essayerons cependant de faire connaître, d'une manière générale, en quoi ils consistent.

Les droits civils diffèrent des droits politiques par leurs objets et par les personnes auxquelles ils s'appliquent.

Dans le paragraphe précédent, nous avons déjà considéré les droits civils par rapport aux personnes qui les exercent. Il nous reste à les examiner, quant à leurs objets.

Or, ces objets peuvent être envisagés dans leur individualité, et, d'un autre côté, comme faisant partie intégrante d'une universalité juridique.

Sous ce rapport, les objets des droits civils sont *corporels* ou *incorporels*, selon qu'ils tombent sous les sens ou qu'ils ne peuvent être perçus que par l'entendement. L'on range dans cette dernière classe les droits, les engagements, les productions de l'esprit.

Parmi ces objets, il en est qui se confondent avec l'existence de la personne qui a des droits à exercer sur eux ; tels sont le corps, l'honneur, la liberté. Il en est d'autres qu'on appelle *objets extérieurs*, qui existent en dehors et indépendamment de la personne qui a des droits sur eux : ces objets sont des choses ou des personnes. Il y a donc des droits civils sur les choses, ou des *droits réels;* il y a des droits sur les personnes, ou des *droits personnels.*

Parmi les droits réels viennent se ranger la propriété, les servitudes, les hypothèques sur les immeubles. Les règles qui les concernent se trouvent principalement dans le livre II°, et dans les titres XVIII et XX, livre III du Code civil.

Venons aux droits sur les personnes. Une personne peut être ou simplement obligée envers une autre à une prestation quelconque, ou se trouver sous sa puissance. Les droits personnels se subdivisent donc :

En *droits personnels proprement dits* ou *obligations.* Ici surtout les objets des droits civils peuvent être variés, modifiés à l'infini. On conçoit l'impossibilité de s'en occuper davantage. Les principes qui y sont relatifs sont renfermés dans les titres III, IV, VI à XVII, livre III du Code civil.

Et en *droits de puissance et de famille.* Dans cette catégorie viennent se ranger les avantages qui naissent du mariage, de la reconnaissance et de la légitimation des enfants naturels, de l'adoption ;

en un mot, des relations de parenté et d'alliance, dont les règles sont développées dans les titres V à IX du livre Ier, et dans le titre V, livre III du Code civil.

DEUXIÈME DIVISION. — *Des objets des droits civils considérés comme faisant partie d'une universalité juridique.*

Si, faisant abstraction de leur individualité, l'on considère les objets des droits civils sous le rapport de l'utilité qu'ils offrent à la personne qui a des droits à exercer sur eux, ces objets s'appellent *biens*. L'ensemble des biens d'une personne constitue son *patrimoine*.

Le patrimoine n'est pas la seule universalité juridique; il en est d'autres encore : les biens composant un majorat sont à regarder comme tels.

Il ne faut pas confondre avec les universalités juridiques les collections d'objets réunis par le propriétaire à l'effet de servir à une destination commune, tels qu'un troupeau, une bibliothèque. Ces objets ne constituent que des universalités de fait; ils sont à considérer comme distincts les uns des autres, et les règles que trace le Code sur les objets des droits civils faisant partie d'une universalité juridique, ne leur sont pas applicables.

Les dispositions qui concernent l'acquisition, la conservation du patrimoine, et en général ce qui en concerne la théorie, sont éparses dans le Code. Les titres XVI et XIX du livre III posent des règles relatives aux manières dont on peut en être dépossédé. Le titre II du même livre donne quelques principes sur la formation et la transmission du patrimoine. Enfin le titre Ier du même livre a pour objet l'acquisition du patrimoine d'une personne décédée.

PARAGRAPHE QUATRIÈME. *De la suspension et de la privation des droits civils.*

PREMIÈRE DIVISION. — *Comment l'exercice des droits civils est suspendu.*

L'exercice des droits civils est suspendu :

1° Par la minorité.

2° Par l'interdiction judiciaire.

3° Par l'interdiction légale. L'art. 29 du Code pénal, modifié par l'art. 24 de la loi de révision du 28 avril 1832 la prononce contre tous les individus condamnés aux travaux forcés à temps, à la détention à temps ou à la réclusion, pour toute la durée de la peine. Un tuteur et un subrogé-tuteur sont chargés pendant ce temps de l'administration de leurs biens.

4° Par la condamnation par contumace à une peine emportant mort civile. En lui enlevant l'exercice des droits civils, la loi ne va pas jusqu'à priver le condamné par contumace de la jouissance de ces mêmes droits, comme elle fait pour le mort civilement. S'il meurt dans un délai de grâce de cinq ans qu'elle lui accorde pour purger la contumace, il est réputé mort dans l'intégrité de ses droits (art. 31). Le testament fait avant l'état de contumace est donc valable si le condamné décède dans les cinq ans ; mais nous ne dirons pas de même du testament fait pendant cet état : il est nul et reste tel quand même le contumace aurait été acquitté par la suite et serait mort dans la plénitude de ses droits civils.

5° Par l'état d'absence présumée ou déclarée.

Les différentes suspensions que nous venons d'indiquer portent sur l'universalité des droits civils. Il en est d'autres qui ne portent que sur partie de ces droits ; les voici :

1° La nomination d'un conseil judiciaire suspend la personne à laquelle ce conseil est donné de l'exercice des droits indiqués en l'art. 499, pour le faible d'esprit, et en l'art. 513, pour le prodigue.

2° Les tribunaux correctionnels peuvent, dans des cas déterminés, interdire l'exercice de certains droits civils. Art. 42, 335, 401, 405, 410 du Code pénal.

3° Les religieuses hospitalières ne peuvent, par actes entre-vifs, ni renoncer à leurs biens au profit de leurs familles, ni en disposer au profit de leur congrégation. Jusqu'à l'expiration du temps pour lequel elles ont fait des vœux, elles ne peuvent contracter mariage. Décret du 18 février 1809.

DEUXIÈME DIVISION. *De la privation absolue des droits civils.*

La principale manière de perdre l'État civil absolument, est la mort civile. Elle ne peut plus résulter aujourd'hui que de la condamnation à certaines peines qui l'entraînent de plein droit. Ces peines sont : la peine de mort ; celle des travaux forcés à perpétuité ; celle de la déportation (art. 24 du Code civil, art. 18 du Code pénal). Le condamné à la déportation peut cependant obtenir du gouvernement l'exercice des droits civils ou de quelques uns de ces droits, dans le lieu de sa déportation (art. 18, al. 2 du Code pénal).

Autrefois, la mort civile était encourue aussi par l'émigration (voir principalement la loi du 28 mars 1793). Les vœux monastiques l'entraînaient également sous l'ancien Droit.

Les effets de la mort civile sont tous la conséquence du principe que le mort civilement est considéré par la loi comme ayant cessé d'exister. Ces effets sont consignés en majeure partie dans l'art. 25 du Code civil.

La naturalisation acquise en pays étranger ; l'acceptation, non autorisée par le roi, de fonctions publiques conférées par un gouvernement étranger ; l'établissement fait en pays étranger sans esprit de retour ; l'entrée au service militaire d'une puissance étrangère ; l'affiliation à une corporation militaire étrangère, sans autorisation du roi (art. 17 et 21 du Code civil) ; le mariage d'une Française avec un étranger (art. 19) ; enfin, la cession faite par la France d'une partie de son territoire; tous ces actes font perdre la qualité de Français, conséquemment aussi les droits civils attachés à cette qualité.

Du reste, les règles du Code civil sur la perte de la qualité de Français ont reçu de grandes modifications par plusieurs décrets de Napoléon, notamment par ceux des 6 avril 1809 et 6 août 1811. Ces décrets ne sont pas encore formellement révoqués.

L'étranger domicilié perd les droits civils que l'autorisation d'établir son domicile en France lui a conférés, sitôt qu'il quitte le territoire, à moins que ce soit pour un voyage qui évidemment fait supposer l'esprit de retour (art. 13).

Enfin, il est une manière relative de perdre les droits civils, l'annulation des traités qui accordaient ces droits aux étrangers. Nous ne pensons pas d'ailleurs que la simple rupture entre les deux pays qui ont fait un pareil traité, puisse annuler de plein droit celui-ci. Il est seulement suspendu pendant la guerre, et reprend son autorité sitôt que la paix est rétablie.

La perte absolue des droits civils peut aussi n'être que partielle. Les personnes punies de la dégradation civique perdent principalement des droits politiques; mais il est aussi des droits civils dont la jouissance leur est retirée (voir l'art. 34 du Code pénal, modifié par l'art 57 de la loi de révision 1832).

TROISIÈME DIVISION. — *Comment la suspension et la privation des droits civils cessent d'avoir leur effet.*

La suspension des droits civils cesse du moment que les motifs qui ont déterminé cette suspension ne subsistent plus. Ainsi, elle cesse pour le mineur, lorsqu'il a atteint sa majorité; pour l'interdit, dès que la main-levée de son interdiction aura été prononcée; pour le contumax, quand un arrêt solennel l'a acquitté; pour celui qui est sous le coup d'une interdiction légale, par l'expiration du temps fixé pour sa peine; pour l'absent, dès qu'il se représente.

La perte absolue des droits civils est également susceptible d'être réparée. Le Français qui a perdu sa qualité, s'il rentre en France en remplissant les formalités prescrites par l'art. 18, ou, suivant les cas, celles ordonnées par l'art. 21; la femme devenue étrangère qui remplit celles de l'art. 19, recouvrent leur capacité civile. Par une nouvelle autorisation du roi, l'étranger anciennement domicilié pourra encore jouir des droits civils; un nouveau traité passé entre la France et la nation de l'étranger que l'annulation d'un premier traité avait privé des droits civils, pourra réintégrer celui-ci dans les même droits. Enfin, la réhabilitation donnera derechef l'exercice des droits civils perdus par la dégradation civique.

Il n'est pas jusqu'au mort civilement qui ne puisse recouvrer sa capacité civile, par suite de la clémence du souverain qui lui remet sa peine, ou la commue en une autre qui n'emporte pas la mort civile (art. 58 de la Charte).

APPENDICE.

DES DROITS CIVILS DES PERSONNES MORALES.

Les personnes morales sont celles dont l'individualité repose sur une abstraction juridique. Elles n'existent donc qu'en vertu d'une fiction.

L'État, les communes, les établissements d'utilité publique légalement reconnus, constituent des personnes morales. Il en est de même des sociétés commerciales et de la masse des créanciers d'un failli.

Les personnes morales, en ce qui concerne leur capacité juridique, sont placées, en général, sur la même ligne que les personnes physiques. Les mêmes principes du droit civil les régissent, à moins qu'une disposition expresse de la loi (art. 910, 937, 2045, 2121 du Code civil) ou des lois spéciales n'aient établi pour elles des exceptions.

Elles peuvent être considérées sous un double point de vue : 1° sous celui de leur organisation et de l'administration de leurs affaires ; 2° sous celui de leurs rapports avec les tiers. C'est sous ce dernier point de vue que nous envisageons les personnes morales, quand nous disons qu'elles sont régies par le Droit civil de la même manière que les personnes physiques. D'ailleurs, non-seulement les personnes étrangères au corps moral, mais celles mêmes qui en font partie, sont des tiers relativement à ce corps sitôt qu'il s'agit de leurs intérêts particuliers. C'est ainsi que les sujets d'un État sont à considérer comme personnes tierces, entièrement distinctes du corps politique, toutes les fois que leurs intérêts sont en jeu.

DEUXIÈME PARTIE.

DE LA DISTINCTION QUI EXISTE ENTRE LES FRANÇAIS ET LES ÉTRANGERS RELATIVEMENT A LA JOUISSANCE DES DROITS CIVILS.

INTRODUCTION HISTORIQUE. — DROITS D'AUBAINE.

L'histoire des peuples anciens et modernes nous offre des exemples variés de législation spéciale, dont les étrangers furent l'objet. Accueillis avec empressement à Athènes, repoussés par les Spartiates, ils furent traités d'ennemis par la première législation de Rome.

Les lois françaises ont souvent changé à l'égard des étrangers ; aujourd'hui même, elles n'ont pas encore l'avantage de l'uniformité.

L'on distinguait autrefois deux espèces d'étrangers ou d'*aubains* : 1° ceux qui, quittant un diocèse allaient s'établir dans un autre, sans pourtant quitter la France. Ils étaient regardés comme aubains dans ce nouveau diocèse, et, en cette qualité, obligés de faire aveu à un seigneur, sous peine d'une amende (Établissements de Saint-Louis, liv. I, chap. 87). 2° La seconde espèce d'aubains se composait de ceux qui, nés en pays étranger, venaient s'établir dans le royaume. Ces derniers étaient appelés *Épaves,* si l'on n'avait pas connaissance du lieu où ils étaient nés; le nom d'*Aubains* ne s'appliquait qu'aux étrangers dont le lieu de naissance était connu.

Réduits dans quelques provinces à l'état de *serfs* ou *main-mortables* de corps, les étrangers étaient accablés par toute la France d'une multitude de charges particulières. Tantôt c'étaient des *droits de chevage* à payer au roi; tantôt, s'ils se mariaient à une personne qui ne fût pas de leur condition, ils étaient soumis au *droit de formariage.*

L'usage d'asservir les étrangers, cet usage si contraire à l'humanité, à l'hospitalité, si sacrée parmi nos ancêtres, au droit des gens, à l'intérêt même du royaume, reçut enfin son terme lorsque les rois, ayant affranchi de la servitude de corps non-seulement les habitants de leurs domaines, mais encore ceux des grandes villes, prirent les aubains sous leur avouerie ou protection royale. Dès qu'un aubain avait reconnu le roi ou lui avait fait aveu, il conservait sa franchise et était à l'abri des entreprises et des violences des seigneurs particuliers. L'usage s'établit même successivement en plusieurs lieux de considérer le roi comme seul seigneur auquel les étrangers pussent être soumis. Nous en trouvons la preuve dans les Établissements de Saint-Louis, chap. XXXI, liv. Iᵉʳ.

Le droit de chevage et autres étaient tombés avec l'asservissement des étrangers; mais d'autres charges leur succédèrent. Nous voyons dans les édits de Henri III (septembre 1687) et de Louis XIV (janvier 1646, mai 1656); et dans les déclarations de Louis XIII (29 janvier 1639) et de Louis XIV (26 juillet 1697), qu'on inventa bien des manières de tirer de l'argent des étrangers établis en France. En leur délivrant des *lettres de naturalité, de neutralité* et autres, on les soumettait à payer des droits auxquels n'échappaient même pas les étrangers déjà naturalisés. Sous le nom de *Lettres de confirmation de naturalité,* on leur fit prendre des lettres-patentes qui n'avaient en définitive d'autre but qu'un but fiscal.

Ces charges n'étaient pas les seules. L'étranger, soumis du reste comme aujourd'hui aux lois de police de sûreté (art. 3, alin. 1er du Code civil), était de plus sujet à différentes lois d'exception. En voici les principales :

1° Il était incapable de posséder des bénéfices [1].

2° De servir dans les armées du roi [2].

3° S'il était demandeur dans une contestation, il était tenu de donner la caution *judicatum solvi.*

4° Il était privé du droit de faire cession de biens (ordon. de commerce de 1673, tit. X, art. 2).

5° Il était soumis à la contrainte par corps.

6° Il était incapable de transmettre sa succession à d'autres personnes qu'à ses descendants régnicoles.

7° De succéder *ab intestat,* et de recueillir une hérédité à lui laissée par testament.

Ces différentes incapacités constituent ce qu'on appelait le *vice de pérégrinité.* Il ne pouvait être couvert que moyennant les *lettres de naturalité.*

Des deux dernières incapacités que nous venons de rapporter, résultait plus particulièrement le *droit d'aubaine,* droit barbare, injuste, en vertu duquel le roi, et, en certaines provinces, le seigneur haut-justicier recueillait les biens d'un étranger qui décédait *testat*

---

[1] Aujourd'hui encore, pour pouvoir être appelé à un évêché, il faut être originaire Français. Art. 16 du concordat fait avec le pape Pie VII, promulgué comme loi de l'État le 18 germinal an X.

[2] Cette incapacité existe encore aussi. V. loi du 21 mars 1832, art. 2.

ou *intestat*, soit en France, soit en pays étranger, laissant des biens
en France.

Et ce n'était point là le seul avantage que le droit d'aubaine con-
férât au roi ou au seigneur haut-justicier : il avait reçu une application plus étendue et consistait à succéder à l'étranger même naturalisé, lorsque celui-ci n'avait disposé de ses biens ni par donation
entre-vifs, ni par testament, et qu'il ne laissait d'ailleurs aucun héritier régnicole ou naturalisé. Bien plus, il consistait à succéder au
régnicole sorti du royaume et qui avait renoncé à sa patrie en s'éta-
blissant en pays étranger.

Les successions ainsi dévolues au roi par droit d'aubaine s'appe-
laient *Étrayers* ou *morte-mains*. Quelquefois aussi on les désignait du
simple nom d'*Aubaines*.

Remontant aux temps les plus reculés de la monarchie française,
le droit d'aubaine n'appartenait dans le principe qu'au souverain.
Pendant l'anarchie féodale, les seigneurs s'étaient mis en possession
du droit de recueillir les successions des personnes décédées dans
leurs terres; mais l'autorité royale rentra par degrés dans ce droit
dont plusieurs seigneurs étaient encore en possession au commencement du quatorzième siècle (ordon. de Philippe-le-Bel de 1301).
Bientôt il demeura constant que le droit d'aubaine était un droit
royal dont l'effet ne pouvait cesser que par les lettres de naturalité
que nul autre que le souverain n'était en droit d'accorder (lettres-
patentes de septembre 1386).

Différentes exceptions avaient cependant été apportées au droit
d'aubaine. Telles étaient :

1° Celles accordées aux enfants et descendants régnicoles des aubains.

2° Celles accordées à certaines classes de personnes, telles que les
militaires, les commerçants, les marins.

3° Celles accordées aux étrangers établis dans certaines localités.

4° Celles qui résultaient de traités.

Depuis longtemps l'injustice consacrée par le droit d'aubaine avait été sentie. Montesquieu avait dénoncé à tous les peuples ce que ce prétendu droit avait d'insensé. Déjà sous le règne de Louis XV et sous celui de Louis XVI, la plupart des puissances étaient convenues de l'abolition réciproque du droit d'aubaine, sous la réserve toutefois d'un *droit de détraction*. Il paraît que ce projet n'eut aucune suite : il était réservé à l'immortelle Assemblée constituante de donner à toutes les nations un exemple de justice qu'elles auraient dû se hâter de suivre. Le droit qu'avait le roi aux successions des étrangers décédés en France, fut aboli par la loi du 6-18 août 1790. Toutefois, cette loi, en prononçant l'abolition du droit d'aubaine sur les biens d'étrangers décédés en France, laissait subsister en entier ce droit sur les biens des Français décédés sans héritiers régnicoles. L'Assemblée constituante couronna son œuvre par la loi du 13-17 avril 1791, en abolissant le droit d'aubaine sur ce dernier point encore.

L'esprit qui a présidé à la rédaction des lois dont nous venons de parler, était l'espoir que les nations étrangères, mieux éclairées sur leurs intérêts, guidées par un juste sentiment de réciprocité, nous imiteraient en abolissant à leur tour le droit d'aubaine. L'on se trompa : aussi le Code civil prit-il une autre voie pour arriver au même but.

Le droit d'aubaine aboli par les lois des 6-18 août 1790, 13-17 avril 1791, n'a jamais été rétabli. Aucune loi n'a donné à l'autorité royale le droit de s'attribuer les successions d'étrangers décédés en France ni de Français qui mouraient sans descendants régnicoles. Il est vrai que, dans l'intervalle qui s'est écoulé jusqu'à la promulgation de la loi du 14 juillet 1819, l'État a pu être appelé à recueillir de pareilles successions, mais ce n'a jamais été par suite du droit d'aubaine, d'un droit attribué au roi, mais bien en vertu du droit de déshérence (Code civil, art. 768) combiné avec l'exclusion prononcée contre les étrangers (*ibid.*, art. 726).

c   6.

L'expression *droit d'aubaine*, dans le sens que nous lui avons attribué, en donnant les développements qui précèdent, était la plus restreinte et la plus commune. Dans une acception plus large, elle désignait l'ensemble des incapacités légales dont les étrangers se trouvaient frappés par rapport au droit de recueillir une succession *ab intestat*, et à celui de disposer et de recevoir par acte de dernière volonté.

Sous ce point de vue aussi, l'Assemblée constituante avait fait justice du droit d'aubaine. L'art. 3 de la loi du 8-15 avril 1791 déclarait tous les étrangers, même ceux établis hors du royaume, capables de succéder *ab intestat*, de disposer et de recevoir par actes de dernière volonté de la même manière que les Français. Il fut rétabli par le Code civil avec plus de rigueur que jamais. L'art. 912 retira à l'étranger la faculté de disposer et de recevoir par actes entre-vifs, faculté qu'il avait sous l'ancien Droit. La prohibition de disposer et de recevoir par actes de dernière volonté fut rétablie. Enfin, la législation du Code fut sévère, surtout en matière de succession *ab intestat*. Plus de distinction en faveur de l'enfant régnicole; s'il décidait en minorité, ou en majorité même, avant d'avoir fait la déclaration exigée par l'art. 9, il était exclu; l'art. 20 lui devenait applicable dans le cas où il réclamait la qualité de Français. Les étrangers admis à domicile n'étaient pas exemptés non plus de cette proscription; le système de réciprocité rigoureuse, posé en principe par l'art. 112, répété pour les successions par l'art. 726, devint applicable à tous les étrangers; sans cette réciprocité, une incapacité générale les frappait tous; ils ne pouvaient jamais succéder ni à leurs parents français, ni à leurs parents étrangers.

Vint enfin la loi du 14 juillet 1819 qui supprima les art. 726 et 912 du Code civil, et par suite de laquelle tous droits d'aubaine et de détraction sont définitivement abolis.

Toutefois, dans le cas de partage d'une même succession entre des cohéritiers étrangers et français, ceux-ci doivent prélever sur les biens situés en France , une portion égale à la valeur des biens situés en pays étranger, dont ils seraient exclus , à quelque titre que ce soit, en vertu des lois et coutumes locales (art. 2 de la loi du 14 juillet 1819). Cette disposition était indispensable. Elle tend à établir l'égalité dans le partage des successions. Le droit d'aubaine n'étant pas aboli complétement chez toutes les nations, il en serait résulté, sans cette prévision du législateur, que la nation française, en renonçant à ce droit, aurait m s les régnicoles dans l'impossibilité de recueillir certaines successions en pays étranger, alors qu'ils auraient été obligés de supporter le partage des biens situés en France.

CHAPITRE PREMIER.

DE L'ÉTRANGER [1] DOMICILIÉ.

Après ce que nous avons dit de l'étranger qui a été admis par autorisation du roi à établir son domicile en France, dans notre part. I, chap. II, sect. II, § 1er, n° 4 (voir. à la p. 21), nous n'avons que peu de chose à ajouter sur ce sujet.

L'autorisation royale est exigée comme une mesure de police et de sûreté. « Le gouvernement s'en servira pour repousser le vice et accueillir exclusivement les hommes vertueux et utiles, ceux qui offriront des garanties à leur famille adoptive » (discours du tribun Gary au corps législatif. Séance du 17 nivôse an XII).

Lorsqu'un étranger a obtenu la permission d'établir son domicile en France, il n'est pas astreint, pour profiter du bénéfice de cette autorisation, à résider continuellement sur le territoire. Il suffit, pour conserver ce domicile, qu'il y séjourne, et que dans les actes qu'il passe, il l'indique comme sa demeure ordinaire. L'expression de *résider,* qui se trouve à la fin de l'art. 13, est donc impropre; il serait plus juste de la remplacer par celle-ci , *avoir son domicile.*

---

[1] Le mot *étranger* (*extraneus*) est relatif. Il désigne celui qui n'appartient pas à la nation avec laquelle il se trouve en rapport.

Remarquez encore que, si nous avons dit que la capacité personnelle de l'étranger se règle d'après les lois de son pays (Code civil, arg. art. 3, al. 3), cela ne s'applique pas au cas où l'étranger s'engagerait envers un Français. Je m'explique : un étranger, mineur dans son pays, mais ayant l'âge requis par la loi française pour la majorité, aurait contracté une obligation en faveur d'un Français ; pourrait-il faire annuler le contrat qui le lie, en invoquant la loi qui régit sa capacité personnelle ? Évidemment, ce serait exposer tous les Français à être spoliés par des étrangers dont ils ne connaissent pas les lois ; ce serait les placer dans une position fausse et les réduire à l'impossibilité de se livrer à aucun genre d'affaires avec des étrangers. Nous déciderons de même, et c'est cette décision qui nous a guidé dans le principe que nous venons d'émettre pour les étrangers, que, si le Français est régi, même en pays étranger par nos lois sur la capacité personnelle, ce n'est qu'en ce sens que les engagements qu'il aurait contractés dans ce pays ne recevraient pas d'exécution en France, s'il avait excédé sa capacité pour contracter : car les tribunaux étrangers n'ont pas à s'occuper des prohibitions portées par nos lois, et elles ordonnent l'exécution des obligations souscrites, si celui dont ils émanent avait la capacité requise pour s'obliger dans le lieu où il l'a fait.

CHAPITRE DEUXIÈME.

DE L'ÉTRANGER NON DOMICILIÉ.

PREMIÈRE SECTION. — *De l'étranger non domicilié appartenant à une nation avec laquelle la France a fait un traité qui détermine la jouissance des droits civils.*

« L'étranger jouira en France des mêmes droits civils que ceux qui sont ou seront accordés aux Français par les traités de la nation à laquelle cet étranger appartiendra » (Code civil, art. 11).

Dans cet article, tiré du Code prussien, le législateur offre aux autres peuples l'avantage de la réciprocité. Ainsi, lorsque les Français auront obtenu chez une nation étrangère la jouissance des droits civils en tout ou en partie, une jouissance semblable appartiendra de plein droit, en France, aux individus non naturalisés de cette nation. Mais il est indispensable qu'elle soit concédée par des traités de gouvernement à gouvernement; si cette jouissance n'était accordée aux Français que par des lois particulières du pays.de l'étranger, celui-ci ne pourrait réclamer la réciprocité en France : l'art. 11 est formel.

Cette réciprocité diplomatique n'est pas la seule condition exigée pour que l'étranger puisse jouir en France des droits civils ; il faut de plus :·

1° La capacité personnelle de l'étranger. Cette capacité ne peut se régler que d'après la loi de son pays. Ainsi, l'individu qui serait incapable de succéder dans son pays, serait frappé en France de la même incapacité. Tel est un religieux qui serait mort civilement d'après les lois de la nation à laquelle il appartiendrait. Bien que, suivant la loi française, il ait la capacité nécessaire pour succéder, les religieux n'étant plus frappés de mort civile en France, il n'aurait pas le droit de venir à une succession.

2° La capacité d'après la loi française. Ainsi l'étranger pourrait, dans son pays, venir à une succession par représentation ; au même cas, la représentation ne serait pas permise en France : l'étranger ne saurait se prévaloir des dispositions favorables des lois qui régissent sa nation.

Ces deux dernières capacités, qui placent toujours l'étranger dans la position la plus défavorable, constituent ce que l'on désigne par *capacité de particulier à particulier.*

Tel est le système de réciprocité rigoureuse introduit par l'art. 11 du Code civil. Du reste, depuis la promulgation de la loi du 14 juillet 1819, cet article a perdu à peu près entièrement son importance· pratique. Presque tous les traités portaient sur le droit d'aubaine;

il n'est que celui conclu avec la Suisse le 27 septembre 1803, qui établisse une réciprocité de jouissance des droits civils, pour les nationaux des deux pays (voir l'art. 12 de ce traité).

DEUXIÈME SECTION. — *De l'étranger proprement dit* [1].

PARAGRAPHE PREMIER. — *Des droits accordés à l'étranger et de ceux qui lui sont refusés.*

N° 1. *Quels sont les droits civils accordés à l'étranger.*

L'étranger jouit des droits de propriété et de servitude. Il peut acquérir en France une hypothèque judiciaire ou conventionnelle. Nous croyons que l'étrangère qui est devenue Française par son mariage avec un Français jouit d'une hypothèque légale sur les biens de son mari, peu importe d'ailleurs que le mariage ait été célébré en France ou en pays étranger, pourvu qu'en ce dernier cas, la transcription exigée par l'art. 171 du Code civil, ait été faite dans le délai indiqué. Mais, d'un autre côté, nous ne pensons pas que l'hypothèque légale puisse appartenir à une Française ou à une étrangère qui se seraient mariées, même en France, avec un étranger.

L'étranger peut invoquer la prescription à l'effet de se libérer. Nous pensons qu'il peut profiter aussi de la prescription aux fins d'acquérir, parce que cette sorte de prescription a été établie plutôt pour rendre la propriété certaine et pour protéger la bonne foi, que pour créer un avantage particulier pour les Français.

Les droits de succéder, de transmettre par succession, de disposer par donations entre-vifs ou testamentaires, appartiennent également à l'étranger (loi du 14 juillet 1819).

L'étranger peut acquérir des actions de la banque de France (dé-

[1] Il est aisé de s'apercevoir que je désigne ainsi l'étranger non domicilié dont la nation n'a fait aucun traité avec la France. Je confonds d'ailleurs celui qui ne réside pas actuellement en France avec celui qui y réside et que M. Proudhon appelle *incolat*, parce que l'on n'a pas plus de capacité que l'autre.

cret du 16 janvier 1808, titre 1er, art. 3) ; obtenir des concessions de mines (loi du 21 avril 1810, art. 13) ; poursuivre les contrefaçons de propriétés littéraires (décret du 5 février 1810, art. 40).

Voilà pour les droits réels. Quant aux droits personnels, l'étranger exerce tous ceux qui naissent des obligations. Toutefois, pour user de ces droits, il est quelquefois soumis aux lois d'exception dont nous traiterons bientôt.

L'étranger a le droit de plaider, tant en demandant qu'en défendant, devant les tribunaux de France, lorsqu'il s'agit d'obligations contractées soit en France, soit en pays étranger.

Les droits qui résultent de la paternité et de la filiation, de la reconnaissance et de la légitimation d'enfants naturels appartiennent à l'étranger. Il a d'ailleurs le droit de se marier en France soit avec une personne française, soit avec une personne étrangère; mais sa capacité personnelle pour faire ce contrat reste toujours soumise aux lois de son pays. Quant aux solennités extrinsèques et à la manière d'en constater l'accomplissement, ces mariages sont entièrement régis par la loi française.

L'étranger est admis aussi à provoquer l'interdiction d'un parent français. Mais si elle est prononcée, il ne saurait devenir le tuteur de l'interdit. Nous pensons néanmoins qu'il pourrait être nommé conseil judiciaire d'un faible d'esprit ou d'un prodigue.

Enfin, l'étranger peut être arbitre volontaire ou forcé d'une contestation née entre Français.

No 2. *Quels sont les droits civils dont la jouissance est refusée aux étrangers.*

L'étranger est privé du bénéfice de faire cession de biens judiciaire, c'est-à-dire du droit accordé au débiteur malheureux, mais de bonne foi, d'abandonner tous ses biens à ses créanciers pour avoir la liberté de sa personne (art. 1268). Une pareille cession qui est un bénéfice résultant de la loi et non de la convention des parties, dont l'objet

c 7

est l'affranchissement de la contrainte par corps en faveur du débiteur qui l'obtient, qui est soumise à des formalités, enfin qui ne peut être prononcée que par justice (art. 898 du Code de procédure civile), est évidemment du Droit civil (*stricto sensu*) ; l'esprit de notre législation en excluerait donc les étrangers, si l'art. 905 du même Code ne déclarait pas expressément qu'ils ne peuvent être admis à ce bénéfice. D'ailleurs, il leur serait trop facile, s'ils en jouissaient, de se soustraire à l'exécution des jugements qui entraînent contrainte par corps contre eux [1].

Les fonctions de tuteur, de subrogé tuteur, de membre d'un conseil de famille sont interdites à l'étranger. Le Français qui perd cette qualité est déchu des tutelles qu'il peut avoir à administrer.

L'étranger ne peut adopter un Français, ni être adopté par lui.

Un étranger ne saurait être tuteur officieux d'un Français, ni être sous la tutelle officieuse d'un Français.

DEUXIÈME PARAGRAPHE. — *Des dispositions exceptionnelles qui régissent les étrangers.*

PREMIÈRE DIVISION. — *De la compétence des tribunaux français relativement aux étrangers.*

N° 1. *Des contestations entre Français et étrangers.*

Premier cas. L'étranger est défendeur. — Dans ses rapports et ses différends avec les Français, l'étranger est soumis à la juridiction française (art. 14).

Le législateur en posant ce principe et en s'écartant aussi ouvertement de la règle générale que le demandeur suit le for du défendeur, n'a eu en vue que l'intérêt des Français en leur assurant l'accomplissement des engagements contractés en leur faveur, soit en France soit en pays étranger, accomplissement qu'il leur eût été

[1] L'ordonnance de 1673, tit. X, art. 2, refusait déjà ce bénéfice aux étrangers.

souvent difficile, quelquefois même impossible d'obtenir judiciaire-
ment, bien des circonstances de guerre ou autres pouvant sans cesse
paralyser leur action. Dans les cas prévus par l'art. 14, ce n'est donc
jamais ni la situation de l'objet litigieux, ni le lieu où le contrat a
été passé, mais bien la qualité de Français dans l'une ou plusieurs
des parties contractantes, qui est attributive de juridiction.

L'expression *obligations contractées* qui se trouve dans l'art. 14 ne
comprend pas seulement les obligations qui résultent de conventions.
Cette expression qui est ici synonyme d'*obligations nées*, est générale
et comprend tous les actes par lesquels un étranger a pu être lié envers un Français. Les obligations qui sont la suite de *quasi-contrats*,
de *délits*, de *quasi-délits*, sont donc comprises aussi dans les dispositions de cet article.

La qualité de prisonnier de guerre n'empêche nullement l'application de l'art. 14 à l'étranger qui, pendant son état de captivité, ou
avant cet état, a contracté des obligations envers un Français. Cette
qualité n'a trait, en effet, qu'à la liberté de celui qui est ainsi dé-
tenu en France ; elle lui laisse pleinement sa capacité de contracter
et ne fait que procurer aux créanciers français l'occasion de rencontrer leur débiteur étranger sur le territoire, sans atténuer les moyens
de défense de ceux-ci.

L'art. 14 doit-il recevoir son application, alors que les obligations
ont été contractées au profit d'un autre étranger qui ensuite est de-
venu Français ? Ce dernier peut-il traduire celui-là devant les tribunaux français [1] ? En matière de contrats, l'on doit toujours se re-
porter au moment de leur confection pour leur appliquer les lois
et usages existant alors, et qui les régissent naturellement, soit
quant à leur existence ou leurs dispositions, leur forme, leur exécu-

---

[1] Nous regardons ici pour démontré, ce que nous ferons plus bas, que les tribunaux français sont incompétents pour prononcer sur les contestations entre
étrangers, autres que celles pour lesquelles nous établirons des exceptions.

tion, leurs effets, soit quant à la capacité des personnes qui y figurent, puisque c'est sur la foi de ces lois et usages que les parties contractantes entendent s'obliger, s'assurer des moyens d'exécution et se soumettre enfin à la juridiction reconnue. Par conséquent, le changement d'état de l'une d'elles ne saurait, au préjudice de l'autre, détourner l'effet et l'application de ces mêmes lois et usages. L'équité veut d'ailleurs que la partie qui est restée indigène, ayant compté et dû compter, au moment de son contrat sur la juridiction de son pays, elle n'en soit aucunement privée par l'effet d'un changement qui ne la regarde pas. Le véritable esprit du Code, art. 14, repousse donc dans le cas qui nous occupe, la compétence des tribunaux français; de plus, le texte la repousse également : l'on peut traduire, dit la loi, les étrangers devant les tribunaux de France, pour des obligations contractées *envers des Français;* or, au cas particulier, l'étranger ne s'est pas obligé de fait en faveur d'un Français, mais bien en faveur d'un étranger comme lui.

L'état de guerre ne suspend pas les effets de l'art. 14. Le cours de la justice ne peut jamais être interrompu : libre à chacun d'introduire ses actions en temps de guerre comme en temps de paix.

Il est une classe de personnes auxquelles la règle posée par l'article 14 n'est pas applicable. Ce sont *les ministres publics* des puissances étrangères, tels que les *ambassadeurs, envoyés, ministres plénipotentiaires, chargés d'affaires,* etc. Pendant la durée de leurs fonctions en France, ils ne peuvent être traduits devant les tribunaux ni directement, ni indirectement par suite de saisies pratiquées sur leurs biens[1]. Les personnes composant leur suite jouissent du même privilége.

Les consuls étrangers, exerçant leurs fonctions en France, ne jouissent pas de ces avantages.

[1] Les publicistes décident que les immeubles des ministres étrangers peuvent être saisis, à l'exception des maisons où ils demeurent. Pour les meubles, ils pensent qu'on ne peut saisir que les revenus et fruits des immeubles.

Second cas. L'étranger est demandeur. Le Français peut être traduit devant les tribunaux de France, pour des obligations par lui contractées en pays étranger, même avec un étranger (art. 15).

Ici, il n'était plus besoin d'apporter aucune dérogation à la maxime générale, *actor sequitur forum rei.* Quand un étranger veut demander à la justice l'accomplissement d'une obligation contractée par un Français, la compétence des tribunaux de France devient naturelle, nécessaire. Sous ce point de vue, l'art. 15 était inutile. Les dispositions qu'il renferme doivent donc avoir un autre but.

Le droit de citer une personne devant la juridiction française est un droit civil, dont la jouissance est refusée à l'étranger : une disposition expresse devenait dès lors nécessaire pour donner à celui-ci le droit d'exercer en France les actions qu'il peut avoir contre des Français. Le législateur, en décidant ce premier point, a eu soin cependant de soumettre la faculté qu'il accorde aux étrangers à une condition, celle de donner la caution dont parle l'art. 16. Le but que nous venons d'indiquer n'était pas le seul qui ait déterminé l'introduction de l'art. 15; le législateur a surtout entendu établir qu'en pareilles matières, le lieu où s'est passé le contrat ne saurait être attributif de juridiction.

L'état de guerre ne suspend pas non plus l'exercice des actions de l'étranger.

N° 2. *Des contestations entre étrangers.*

Ni les art. 15 et 16, ni aucune autre disposition du Code ne renferment des principes sur la compétence des tribunaux français quant aux obligations contractées soit en France, soit en pays étranger, par des étrangers entre eux. Il s'élève à ce sujet la question de savoir si les tribunaux français peuvent connaître des différends entre étrangers.

Cette question doit en général être résolue par la négative. Le droit de souveraineté s'étend à toutes les personnes sujettes du souverain :

il les régit partout. Or, le droit de juger les différends des personnes est une dépendance du droit de les régir ; nulle part donc elles ne sont tenues de recevoir des juges d'aucune souveraineté étrangère, laquelle par la même raison ne saurait être dans l'obligation de faire décider leurs différends par ses propres juges. Le droit positif ne renferme rien de contraire à ces principes : il est même vrai de dire qu'il ne présente aujourd'hui, à proprement parler, nulle disposition sur cette matière, sur laquelle, hormis certains cas d'exception que nous indiquerons, le droit des gens est l'unique loi à consulter.

Mais que dirons-nous des jugements que des tribunaux français auront rendus entre étrangers ? quelle sera leur autorité, leur valeur ? Plusieurs distinctions sont nécessaires sous ce rapport. Si les parties se sont toutes deux soumises à la juridiction française, le jugement a pleine autorité en France, sauf aux étrangers à se faire régler par les lois de leurs pays, s'il s'agit de l'exécuter chez eux ; mais si l'une ou l'autre des parties a refusé de se soumettre à la juridiction française, il faut faire une autre distinction : Au cas où le tribunal a été incompétent à raison de la matière, le jugement est à regarder comme non avenu, cette incompétence ne pouvant jamais être couverte ; au contraire, si le tribunal n'a été incompétent qu'à raison de la personne, cette incompétence est couverte si l'affaire a été contradictoire. En un mot, il faut s'en rapporter ici aux principes généraux sur la compétence.

Nous avons annoncé des exceptions à la règle posée. Outre les cas où l'une ou l'autre des parties est domiciliée en France dans le sens de l'art. 13, ou appartient à un pays dont les traités faits avec la France lui donnent le droit d'être justiciable des tribunaux français, ces tribunaux connaissent, et même exclusivement, des contestations entre étrangers qui ont rapport à des immeubles situés en France (art. 3, al. 2). Enfin, nous nous croyons en droit de faire une dernière exception à la règle posée pour les affaires commerciales. Cette exception, il est vrai, n'est fondée sur aucun texte de loi positif; mais il en a été parlé au conseil d'État, lors des discussions; l'art. 14 ne préjuge rien de contraire; c'est la jurisprudence de la Cour de cassation (*Req. rej.* du 22 janvier 1806); de plus, depuis un temps immémorial, la célérité des affaires commerciales, la bonne foi qui doit y présider, ont, dans l'intérêt de notre propre commerce, fait placer dans les attributions de nos tribunaux la connaissance des contestations sur marchés fait en foire (ordon. de 1673, tit. XII, art. 17). Ajoutez qu'il est de notre intérêt que les étrangers visitent la France; faisant des affaires avec des Français, ils peuvent en faire entre eux; et, dans ce cas, comment obtenir justice, lorsque, éloignés de leur patrie, appartenant peut-être à des nations différentes, ils trouvent nos tribunaux fermés pour eux? En matière de commerce, il faut la rapidité : la justice ici, si elle n'est pas prompte, est souvent inefficace. Il faut la bonne foi : mais ne serait-ce pas souvent ouvrir le champ à la fraude que de fermer nos tribunaux à ceux qui peuvent en être les victimes?

N° 3. *Manière de saisir les tribunaux français par rapport aux étrangers.*

A. *Comment on doit les assigner.* Toutes les fois que l'étranger n'est pas trouvé en France, et qu'il est impossible par conséquent de donner assignation à sa personne, cette assignation se donne au domicile du procureur du roi, près le tribunal où sera portée la demande. Ce magistrat est tenu de viser l'original et d'envoyer la copie qui lui est donnée au ministre des relations extérieures[1] (art. 69, alin. 9 du Code de procédure civile).

L'étranger ne saurait, du reste, être assigné au domicile de son mandataire en France. Celui-ci devant toujours se renfermer dans l'objet de son mandat, quant à la gestion qui lui est confiée, est sans caractère aucun pour recevoir des assignations ou significations

---

[1] Suivant l'ordonnance de 1667, tit. II, art. 7, l'on assignait les étrangers domiciliés hors du royaume, *ès hotels des procureurs généraux des parlements.*

qui regardent son mandant, et que la loi prescrit textuellement de faire à la personne de ce dernier, ou à son domicile, ou au domicile de convention, ou encore, dans l'hypothèse, à celui du procureur du roi.

B. *Des délais d'assignation.* Sous ce rapport, il faut distinguer : si l'assignation est donnée à l'étranger trouvé en France, elle n'emporte que les délais ordinaires, sauf au tribunal à les prolonger, s'il y a lieu (art. 74, même Code) ; si c'est le cas d'assigner un étranger au domicile du procureur du roi, les délais extraordinaires déterminés par l'art. 73, pour les assignations à donner aux personnes qui demeurent hors la France continentale, sont ceux qu'il faudra appliquer.

C. *Devant quel tribunal de France, par rapport à la localité, on peut faire comparaître les étrangers.* Les questions qui peuvent s'élever sur ce point ne présentent quelque difficulté qu'en matière personnelle, à cause de la dérogation apportée par l'art. 14 à la maxime *actor sequitur forum rei.* En matières réelles, mixtes, en matières de société, de succession, de faillite, de garantie, d'élection de domicile, l'art. 59 du Code de procédure donne les règles à suivre; enfin, en matière commerciale, l'art. 420 du même Code pourra servir à déterminer le tribunal français compétent.

Mais à l'égard des affaires personnelles, nous ne trouvons aucune règle certaine dans la législation française. Le lieu du contrat ne peut plus, comme dans la législation romaine, être attributif de juridiction. Il faut donc admettre que le Français demandeur pourra, à son choix, assigner le défendeur étranger devant tel tribunal de France qu'il jugera convenable.

DEUXIÈME DIVISION. *De la caution* judicatum solvi.

Ne consultant que l'équité, le législateur a consacré par l'art. 15 une exception au principe que l'étranger ne jouit pas en France des ᴅroits civils. Mais il a dû protéger aussi la défense du Français ; il a dû le mettre en garde contre les attaques ; il a dû redoubler de précautions lorsque ces attaques viennent d'un étranger. Aussi se hâte-t-il, après avoir fait cette exception, de la faire suivre des dispositions de l'art. 16. Les motifs qui ont fait introduire cet article ne sont pas difficiles à déduire. L'étranger, isolé, pour ainsi dire, dans un pays qui n'est pas le sien, ne présente par lui-même aucune garantie : il était à craindre que, sûr, ou peu s'en faut, de l'impunité, il n'entreprît témérairement contre les biens, contre la personne des Français ; qu'il n'intentât de ces procès suggérés parfois par la mauvaise foi, souvent ruineux, presque toujours hasardés plus ou moins. Et quelle chance courrait-il pour compenser tout le mal qu'il peut faire ? Aucune ; déjà naturellement disposé à fuir le sol français, il se serait bientôt soustrait à la contrainte par corps ; ne laissant rien après lui, il ne resterait aux parties qu'il aurait inquiétées aucun moyen efficace pour s'indemniser des pertes considérables que les procès ont pu leur occasionner, pour se remplir de leurs propres avances et de leurs frais.

Il était donc convenable d'exiger des sûretés de la part de l'étranger demandeur devant les tribunaux français. Ainsi, « en toutes matières, autres que celles de commerce, l'étranger qui sera demandeur, sera tenu de donner caution pour le payement des frais et dommages-intérêts résultant du procès, à moins qu'il ne possède en France des immeubles d'une valeur suffisante pour assurer ce payement » (art. 16 du Code civil ; art. 166 et 167 du Code de procédure civile).

Trois conditions sont nécessaires pour qu'un plaideur soit dans le cas de fournir la caution *judicatum solvi.*

1° D'accord avec l'ancienne jurisprudence, l'art. 16 ne demande la caution que de la part de l'étranger demandeur [1]. Quand il est

---

[1] Avant le Code, aucune loi n'avait soumis les étrangers à la caution *judicatum*

forcé de prendre le rôle de défendeur, il serait aussi absurde que barbare de l'y soumettre.

2° Il faut que le demandeur soit étranger. Il résulte de là qu'on ne saurait plus exiger la caution, comme sous l'ancienne jurisprudence on l'admettait généralement, ni du débiteur qui a fait cession de biens, ni du failli, ni du mort civilement, pas plus enfin que de celui qui serait privé de quelques droits politiques. Il en résulte encore qu'on peut l'exiger de celui qui, d'une ou d'autre manière déterminée par la loi, aurait perdu la qualité de Français; que la qualité même de souverain dans un étranger ne saurait le soustraire à la règle générale.

3° Il faut que le défendeur requière la caution; et cela avant de proposer aucune autre exception (art. 166 du Code de procédure civile). L'exception d'incompétence devra cependant être proposée avant.

Quant à la nature de la caution, remarquez que la loi n'exige pas qu'elle soit indéfinie; si on le demande, elle doit être limitée à une somme déterminée qu'arrêtera le tribunal qui ordonne la caution : en consignant cette somme, le demandeur étranger est dispensé de fournir la caution (art. 167, *ibid*). Du reste, l'esprit de la loi étant qu'il ne faut exiger que des sûretés, il est entendu que si l'étranger en donne dont le défenseur puisse se contenter, il serait injuste de ne pas les admettre : tel serait un gage.

L'art. 16 (voy. aussi art. 423 du Code de procédure) fait une première exception à la règle qu'il pose, pour les matières de commerce; matières qui sont si urgentes de leur nature, qui demandent, en général, une si prompte expédition, qui présentent au

solvi, cependant elle était généralement posée en principe. Voici comment s'exprime à ce sujet Bacquet, dans son *Traité des droits d'aubaine*, part. 2, ch. 16, n° 3 : « L'étranger qui intente procès en France, est tenu bailler caution ; ce qui se doit entendre de l'étranger demandeur et non de l'étranger défendeur, *quia actor voluntariè agit, reus autem ex necessitate se defendit.* »

surplus tant d'importance, qu'on ne saurait trop les dégager de tout ce qui pourrait en gêner les opérations. Le commerce rend concitoyens les habitants de tous les pays ; leur crédit est dès lors une caution suffisante ; on doit y attribuer autant de valeur qu'à des biens qu'ils posséderaient en France.

La seconde exception que fait le Code (voy. aussi art. 467 du Code de procédure) en faveur de l'étranger demandeur qui justifie qu'il possède en France des immeubles d'une valeur suffisante pour assurer le payement des frais et dommages-intérêts résultant du procès, démontre, ce que nous avons déjà insinué plus haut, que la caution *judicatum solvi* est fondée sur un défaut de garantie présupposé dans l'étranger demandeur, lequel s'évanouit alors que cet étranger présente, dans ses propres immeubles, des garanties suffisantes.

Bien que l'usufruit soit mis au rang des immeubles par l'art. 526 du Code civil, l'étranger qui jouirait en France d'un pareil droit ne pourrait s'en prévaloir pour ne pas fournir la caution. L'usufruit est en effet une propriété essentiellement temporaire, toujours incertaine dans sa durée, et par suite incertaine aussi dans sa valeur, qui ne présenterait à la partie qui a droit d'exiger la caution aucun recours assuré[1].

Hormis les exceptions que nous venons d'indiquer et le cas où la dispense de donner caution peut être conférée par un traité, la règle générale posée par l'art. 16 est d'une application absolue. Nous n'admettons plus certaines exceptions faites par l'ancienne jurisprudence, qui avait établi, par exemple, que l'étranger demandeur pour cause d'aliments était dispensé de fournir la caution. Cette jurisprudence pouvait exister sous l'ancienne législation, où, comme nous l'avons dit, aucune disposition positive ne prescrivait la caution à fournir par les étrangers.

---

[1] Le Droit romain le décidait déjà ainsi. *Sciendum est enim possessores immobilium rerum satisdare non compelli ; eum verò qui tantùm usumfructum habet, possessorem non esse Ulpianus scripsit.* L. 158, *D. qui satisd. cog.*

c   8.

L'étranger doit-il la caution en cause d'appel? Nous résolvons cette question affirmativement.

La caution ne saurait être exigée de l'étranger qui poursuit en France l'exécution forcée d'un titre paré ou d'un jugement définitif et exécutoire. Il ne s'agit pas ici d'une demande proprement dite; l'exécution n'est que la suite nécessaire du titre paré ou du jugement exécutoire, à défaut d'exécution volontaire.

L'étranger, voulant mettre à exécution un jugement en dernier ressort rendu à son profit en France, n'est pas tenu de la caution, soit parce que son adversaire déclarerait qu'il s'est pourvu en cassation, soit parce qu'il l'aurait déjà fait. Mais si, au lieu d'un pourvoi en cassation, il s'agissait d'un recours au conseil d'État pris contre un jugement rendu en faveur d'un étranger, et dans les matières où, d'après le décret du 22 juillet 1806, ce recours est autorisé, alors la caution serait de rigueur pour poursuivre l'exécution du jugement obtenu (décret du 7 fevrier 1809, art. 1er).

Quand l'étranger est demandeur en nullité d'une saisie pratiquée sur lui en France, doit-il la caution? Nous résolvons affirmativement.

L'étranger qui, en matière criminelle, se constitue partie civile, est-il tenu de la caution? L'art. 16 embrasse toutes les matières; n'exceptant que celles de commerce dans sa disposition, il a confirmé la règle générale à l'égard des autres matières. La jurisprudence ancienne décidait de même. Cette décision est peut-être trop rigoureuse: l'étranger pauvre, qui aura été en butte à des insultes, à des voies de fait, n'aurait aucun moyen de se faire rendre justice, de se faire indemniser de ses pertes, quand cependant la France reconnaît qu'elle lui doit hospitalité et protection, quand elle s'honore de son humanité envers les étrangers.

Dans les cas où il est permis de porter les différends entre étrangers devant les tribunaux français, celui qui est demandeur doit-il la caution? Nous résolvons encore affirmativement.

TROISIÈME DIVISION. — *De la contrainte par corps.* — *De l'arrestation provisoire.*

L'usage de la contrainte par corps contre les étrangers remonte à une époque fort éloignée. Entièrement supprimée le 9 mars 1793 et rétablie contre les Français par la loi du 15 germinal an VI, elle ne fut déclarée applicable aux étrangers que par celle du 24 floréal an VI. Encore cette loi ne statue-t-elle que sur leurs engagements de commerce avec des Français. Vint la loi du 10 septembre 1807, qui régit cette matière jusqu'à la promulgation de la loi du 17 avril 1832.

D'après l'art. 14 de cette dernière loi, les étrangers sont contraignables par corps pour l'exécution de tout jugement prononçant au profit d'un Français une condamnation de 150 fr. et au-dessus.

Les étrangers peuvent, même avant le jugement de condamnation, mais après l'échéance ou l'exigibilité de la dette, être provisoirement arrêtés sur l'ordonnance du président du tribunal civil dans l'arrondissement duquel ils se trouvent, à moins qu'ils ne fournissent une caution solvable ou qu'ils ne justifient de la possession sur le territoire français d'un établissement de commerce ou d'immeubles d'une valeur suffisante pour assurer le payement de la dette (art. 15 et 16 de la même loi). Ces dispositions, quelque rigoureuses qu'elles paraissent, se justifient cependant par le motif que la personne des étrangers étant le seul gage qu'ils puissent offrir à leurs créanciers, elles créent une mesure de sûreté contre les débiteurs étrangers, qui peuvent d'un moment à l'autre disparaître sans laisser après eux aucune trace de leur séjour, et tromper ainsi la crédule obligeance d'un Français.

Toutefois, le créancier est tenu de se pourvoir en condamnation dans la huitaine de l'arrestation provisoire du débiteur, faute de quoi celui-ci peut demander son élargissement.

L'arrestation provisoire pourrait-elle avoir lieu à la requête d'un créancier pour une dette antérieure à la promulgation de la loi du 17 avril 1832 ? Résolu affirmativement.

Il ne saurait être sursis à l'arrestation provisoire, quand même le titre en vertu duquel on y a procédé serait argué de faux par l'étranger.

L'art. 17 de la loi de 1832 n'est du reste pas applicable à cette arrestation. Cet article a gradué sur la quotité de la dette la durée de la contrainte par corps contre les étrangers, sans faire du reste aucune distinction entre les dettes commerciales et civiles. L'arrestation provisoire est une mesure de police ; son but est de procurer des sûretés. La contrainte par corps, au contraire, est un moyen d'exécution ; elle a pour objet un payement et résulte d'une condamnation. L'arrestation ne saurait donc cesser d'après les mêmes principes que ceux établis pour la cessation de la contrainte ; ce n'est que lorsque l'étranger présente les garanties dont parle l'art. 16 de la loi de 1832, qu'elle peut recevoir un terme.

APPENDICE.

DE L'AUTORITÉ QU'ONT EN FRANCE LES ACTES ÉMANÉS DE JURIDICTIONS ÉTRANGÈRES.

L'art. 14, en permettant aux Français de traduire les étrangers devant les tribunaux de France, ne leur donne qu'un droit purement facultatif. Rien n'empêche de suivre la maxime générale : *actor sequitur forum rei*, c'est-à-dire de citer l'étranger obligé devant ses juges naturels. Il s'agit d'examiner ici quelle sera la force de l'acte émané de ces juges.

La justice, en France, ne peut émaner que du roi, c'est-à-dire du pouvoir national, du pouvoir exécutif (art. 48 de la Charte de 1830). Il est impossible dès lors que les jugements rendus par les tribunaux étrangers, qui, de leur côté, ne peuvent tenir leur pouvoir que de leurs souverains respectifs, aient aucune autorité en France, soit pour le fond (*iurisdictio*), soit pour l'exécution (*imperium*). Ce principe n'a pas besoin d'être justifié plus amplement pour être vrai dans toute sa rigueur : l'ordonnance de 1629, art. 121, l'a consacré; il l'a été implicitement par les art. 2123 et 2128 du Code civil et par l'art. 546 du Code de procédure.

Les tribunaux français ne doivent donc permettre l'exécution de tels jugements qu'*après révision, en connaissance de cause*, et en statuant par jugement nouveau, et non par une simple ordonnance d'*exequatur*. Le principal but de cette révision n'est pas d'examiner le fond de l'affaire, mais bien de constater si le jugement ne renferme rien de contraire au Droit public des Français.

Maintenant différents cas peuvent se présenter :

Premier cas. Le jugement est rendu en faveur d'un Français contre un Français : ici, point de difficulté. L'édit de 1778 défendait déjà aux Français de traduire leurs compatriotes devant les juridictions étrangères, prohibition qui, sans être répétée explicitement par nos lois actuelles, se trouve cependant consacrée par les principes. La question de savoir si un pareil jugement ne pourrait pas valoir, en certains cas, comme jugement arbitral est à résoudre négativement.

Deuxième cas. Le jugement est rendu pour un étranger contre un Français. Dans ce cas la règle devient applicable dans toute son étendue : le Français a le droit de débattre de nouveau ses droits litigieux devant ses juges.

Troisième cas. Le jugement est rendu en faveur d'un Français contre un étranger. Avant le Code, la jurisprudence [1] avait établi

---

[1] D'après l'ancienne jurisprudence, lorsqu'il s'agissait d'employer en France, soit comme chose jugée, soit comme moyen d'exécution, un jugement rendu par un tribunal étranger, l'on examinait si ce jugement était rendu contre un Français ou contre un étranger; au premier cas, il fallait de nouveau débattre l'affaire; au second, il suffisait d'un simple *pareatis*. Cette distinction était fondée

qu'il ne fallait, pour rendre exécutoire un pareil jugement, qu'un simple *pareatis* (Arg. art. 121, ord. de 1629). Nous ne pensons pas que cette jurisprudence puisse encore trouver aucune application aujourd'hui. Si l'article cité est encore en vigueur, il doit être appliqué sans aucune exception pour le cas qui nous occupe. En combinant les art. 2123, 2128 du Code civil avec l'art. 546 du Code de procédure, on est forcé de conclure qu'en l'absence de lois politiques ou de traités, tout jugement rendu à l'étranger est soumis à la révision avant de pouvoir être exécuté en France. Remarquons toutefois que ce ne sera que quand l'étranger se défendra contre une exécution ou contre l'emploi d'un jugement étranger qu'il pourra en demander la révision. Il n'en serait plus de même s'il demandait cette révision par action principale : le Français pourrait lui opposer l'exception de la chose jugée.

Quatrième cas. Le jugement est rendu en faveur d'un étranger contre un étranger. Des raisons analogues nous conduisent à décider de même que précédemment : la révision ne pourra être admise par action principale ; elle ne pourra être demandée que lorsqu'il s'agira d'exécuter ou de faire valoir en France un pareil jugement.

Alors que les jugements étrangers n'ont aucune efficacité en France avant leur révision, naturellement et par voie de conséquence, il doit en être de même de la litispendance, dont l'unique but est de donner l'existence à ces jugements. L'exception de litispendance devant une juridiction étrangère ne saurait donc être proposée devant les tribunaux de France.

sur les *expressions* finales de l'art. 121, ordonnance de 1629, dont voici le texte : « Les jugements rendus, contrats ou obligations reçus ès royaumes et souverainetés étrangères, pour quelque cause que ce soit, n'auront aucune hypothèque ni exécution en notre dit royaume ; ains (mais) tiendront ces contrats lieu de simples promesses, et nonobstant ces jugements, nos sujets contre lesquels ils auront été rendus, pourront de nouveau débattre leurs droits comme entiers par-devant nos officiers. »

Si les jugements émanés des tribunaux étrangers n'ont aucune force exécutoire en France, ils ont cependant une *autorité de créance* qui leur appartient d'après le Droit des gens, et qu'on ne saurait leur refuser, quand même ils ne seraient signés que du juge. Nous en dirons autant des actes de juridiction gracieuse ou volontaire dont l'exécution forcée se règle d'après les mêmes principes que celle des actes de juridiction contentieuse, en tant que leur nature comporte une telle exécution.

Remarquons, en dernier lieu, qu'à défaut de lois politiques et de traités, les jugements étrangers n'emportent hypothèque judiciaire en France qu'autant qu'ils ont été déclarés exécutoires par un tribunal français, et que les contrats reçus par des fonctionnaires étrangers ne peuvent conférer en France une hypothèque conventionnelle, sans l'existence de ces mêmes lois politiques ou de traités.

Nous devons faire une mention à part des jugements arbitraux rendus à l'étranger. Leur accorderons-nous plus d'autorité que nous en attribuons aux jugements des tribunaux ordinaires?

Nous trouverons bientôt la solution de cette question en recherchant la différence qu'il y a entre le magistrat et l'arbitre. Tenant son autorité de la loi, ayant une juridiction territoriale, constitué en autorité publique et civile, le magistrat ne peut prononcer qu'entre les personnes régies par cette même loi, se trouvant sous sa juridiction, soumises à son autorité. L'arbitre, au contraire, n'a aucune mission de la loi; il est au choix des parties; sa juridiction est volontaire, de tous lieux, spécialement circonscrite, déterminée dans les termes d'un compromis; elle n'a aucun caractère public; ses jugements n'en reçoivent que par l'ordonnance d'exécution que lui donne le magistrat de la loi. La décision arbitrale n'est que l'exécution du mandat donné par le compromis; elle appartient au

Droit des gens. C'est dans l'intérêt du Français que la révision est exigée ; le législateur a craint pour lui l'influence des préventions locales, il a craint qu'il ne ressentît les atteintes de l'intrigue, du crédit : tout cela existe-t-il lorsqu'il s'agit d'une décision arbitrale? Non. En s'adressant au juge-arbitre la partie a connu ses principes, sa probité; elle a eu recours non pas à l'autorité, mais à la sagesse ; elle a donné son acquiescement anticipé au prononcé.

D'ailleurs , la décision arbitrale n'est pas, à proprement parler, un jugement; les arbitres ne sont pas juges. Pour qu'ils le fussent , il leur faudrait une qualité de plus, le pouvoir d'imprimer à leur acte la force exécutoire; il leur faudrait l'*imperium*.

Quels que soient donc les jugements arbitraux dont on demande l'exécution en France, qu'ils soient rendus par des arbitres français ou étrangers, volontaires ou forcés , ces jugements ne sont soumis à aucune révision. L'ordonnance d'*exequatur* leur imprime le caractère et la force nécessaires à leur exécution.

JUS ROMANUM.

DE HIS QUI JURE CIVILI GAUDENT.

I.

Jus est vel *publicum*, vel *privatum*.

Jus privatum est triplex : est autem *naturale*, *gentium* vel *civile*. § 4, J. *de Just. et jure*.

Jus quo Romanus populus utitur, *jus civile Romanorum* appellatur. § 2, J. *de jure nat. gent. et civ.* Omne jus civile vel ad *personas* pertinet, vel ad *res*, vel ad *actiones*. § 12, *eod*. Dicendum est de jure personarum.

II.

In hoc jure, *homo* et *persona* quàm maximè differunt. Homo est qui in corpore humáno mentem habet ratione præditam. Persona est homo qui quodam capite fruitur.

Status, ceu *caput* est qualitas quædam homini inhærens, cujus ratione diverso ab aliis jure vel naturali vel civili utitur.

Status sunt duo : *naturalis* naturali jure exortus, *civilis* civili jure natus.

Quoad statum naturalem, homines habentur seu nati vel nascituri (L. 7 et 12, ff. *de statu hom.*); seu masculi vel feminæ; seu infan-

c   9.

tes; seu puberes impuberesve (Pr. J. *quib. mod. tut. fin.*); seu in
tutelâ vel extrà tutelam (L. 111 , Pr. ff. *de* R. J.; L. 239. Pr. ff. *de* V.
S.); seu majores vel minores (Pr. J. *de nupt. ;* § 4, J. *de adopt.*);
seu deniquè senes (L. 2 , Pr. ff. *de excusat. ;* § 13, J. *eod.*).

Quæ omnes divisiones hominum, imprimis rationes sexus et æta-
tis, quàm maximè in exercendis nonnullis juribus civilibus consi-
derantur. Quod ad masculos et feminas spectat, è regulâ juris sunt
intuitu legis æquales. Multæ tamen inveniuntur in jure Romano
leges quæ deteriorem conditionem feminis faciunt quàm masculis.
L. 9. ff. *de stat. hom.*

Quoad statum civilem, tres varii status, libertatis, civitatis, familiæ agnoscuntur. Quicumque nullo capite gaudet, jure Romano
non persona, sed res habetur. L. ult. ff. *de capit. minut.*

III.

Qui particeps juris est, is liber consideratur. Indè evenit *status
libertatis.* Ratione hujus, omnes homines aut *liberi* sunt aut *servi.*
Pr. I. *de jure pers.;* L. 3. ff. *de st. hom.* Est autem libertas naturalis
facultas ejus quod cuique facere libet, nisi si quid vi aut jure pro-
hibetur. Servitus contrà, est constitutio juris gentium (secundarii)
quà quis dominio alieno contrà naturam subjicitur. § 1 et 2, I. *de
jure pers.*

Liberi porrò in *ingenuos* et *libertos* ceu *libertinos* dividuntur. § 5.
J. *eod.;* L. 5, ff. de *st. hom.* Qui statu libertatis gaudent, hi tantùm
utuntur iis juribus quæ et jure gentium et naturali jure eveniunt.

Servi quorum in conditione nulla est differentia, non personarum
sed rerum loco videntur. Ergò sibi nihil adquirunt, nec matrimo-
nium contrahunt, sed in contubernio vivunt cum ancillis ; nec gaudent jure testamenti factionis et contractuum ; nec ulla in personam
servilem cadit obligatio. L. 22, Pr. ff. *de R. J.* Servi nihil propriè habent nisi peculium quod dominus iis habere permittat.

IV.

Ast status libertatis non est sufficiens ad participanda jura civilia :
quorum ut fiat particeps homo liber, civis Romanus esse debet. Indè
oritur *status civitatis propriè sic dictus.* Is est complexus jurium favo-
rumque quibus à peregrinis distinguuntur cives Romani.

Innumerabilia civitatis status commoda. Præcipua : Libertas ex
jure Quiritum. Jus munera publica exercendi. Jus potestatis domi-
nicæ : hæc est complexus jurium quæ dominis circà servos atque
res eorum competunt : manumissione illud solvitur ; manet tamen
jus patronatûs in libertos domino concessum. Jus uxorem ducendi
justis nuptiis, ex quo oriuntur et jus maritalis et jus paternæ potestatis , id est complexus jurium quæ viro circà uxorem atque res ejus,
quæ patri familiâs circà liberos atque res eorum competunt. Jus testamenti factionem activam et passivam habendi. Jus civilibus modis
adquirendi dominium , et cætera.

V.

Deniquè, *status familiæ* omnia agnationis cognationisque jura
complectitur. Ex hoc statu sequitur alia partitio personarum , quòd
quædam *sui juris,* quædam *alieni juris* sint.

Præcipua jura quæ ex statu familiæ nascuntur, sive ad patriam
potestatem spectant, sive ad tutelam , sive ad maritalem potestatem,
sive ad, hæreditates quæ ab intestato.

Triplici modo Romanis adquiritur patria potestas : procreatione
filii ex justis nuptiis, legitimatione, adoptione.

Paternæ potestati non solùm filii et filiæ submittuntur, sed et
liberi eorum ac nepotes. Eam potestatem non uterque parens habet,
sed solus pater ; ideò Ulpianus IV, 1, eum familiæ principem ap-
pellat ; quo defuncto , demùm liberi sui juris fiunt.

Jura quæ patria potestas amplectitur sunt præcipuè : Jus vitæ ac
necis, à Constantino Magno sublatum ; jus ter venundandi liberos ,

quod Diocletianus parenti ademit ; jus adquirendi per liberos ; jus liberis tutores testamento dandi ; jus consensum in nuptias liberorum denegandi ; interdictum de liberis exhibendis.

Cuncta privilegia illa emancipatione tolluntur.

VI.

Jus civitatis adquiritur : 1° per ortum; filius civitatem sequitur ex quâ pater ejus naturalem originem duxit. L. 6, § 1, ff. *ad municip. et de incolis.* Illi qui, statim ut nati sunt, liberi civesque romani fiunt, vocantur *ingenui.* Civis romani filius ipse sibi jus civitatis habet. Pr. J. *de ing.* 2° Per manumissionem ; 3° per adoptionem ; si à domino servus adoptatus sit, adoptio, quamvis non tribuat ei nomen neque jura adoptivi filii, attamen manumissioni æquiparatur, et adoptato servo libertatem civitatemque præbet. § 12. J. *de adopt.* 4° Denique, per transmigrationem in imperium romanum factam peregrinis qui ibi sedem stabilem ac domicilium certum habere velint.

VII.

Status amittitur *capitis diminutione,* quæ, sicut caput, est triplex , *maxima, media, minima.* Mediâ capitis diminutione amittitur status civitatis.

VIII.

Personæ morales, ut fiscus, universitates, piæ causæ habent plurima privilegia in exercendo jura civilia, quæ in plurimis locis in jure Justinianeo occurrunt, præcipuè respectu restitutionis in integrum , atque alienatione earum patrimonii. Nov. 120, cap. 1, § 1, 2; cap. 6, § 2.

IX.

In primis reipublicæ romanæ temporibus, nec jus civium, nec prærogativæ huic titulo inhærentes peregrinis tribuebantur : his modò fruebantur incolæ Urbis. *Tit. Liv.* VI, 4. Contractuum tamen qui ex jure gentium nascuntur capax erat peregrinus. Ast suffragium in comitiis ferre, in legionibus patriam defendere, in testamento civis testis adesse ; privilegia illa peregrinis denegata erant, ut quoque præcipua familiæ jura, testamentique factio et activa et passiva.

Paucis concessum fuit jus civitatis Romanorum usque ad regnum imperatoris Caracallæ. Hic civitatis jus, civiliaque jura iis omnibus tribuere jussit qui imperii territorium incoluêre. Posteà, prodigaliter datus fuit titulus civis Romani, ità ut excelsissima munera perigrini ingressi sunt.

Sensu lato appellabantur peregrini qui Romæ nati non erant ; sensu stricto, hâc appellatione indicabantur qui jure civitatis privati, aliquantisper in stabili sede Romæ aderant. Peregrinorem duas species Romani discernebant : *peregrinos socios* vel *latinos*, quorum jura juribus civitatum fæderatarum similia erant ; *peregrinos dedititios*, qui, sicuti *liberti dedititii*, jus civitatis nunquàm consecuti erant. Dedititii vocabantur quidam Reipublicæ subjecti, proptereà quòd populo romano victori in ditionem et arbitratum sese dediderant.

DROIT ADMINISTRATIF.

DE L'APPEL EN MATIÈRE ADMINISTRATIVE, DE SES EFFETS, DES DÉLAIS D'APPEL.

La juridiction la plus importante en matière administrative est, en dernière instance, le conseil d'État. La cour des comptes (ordonnances royales des 28 janvier 1815, art. 10 et 11; 21 mars 1816; 21 mai 1817, etc.), les conseils de préfecture (ordonnance du 23 avril 1823, art. 6, 7, 8), le préfet en conseil de préfecture (décrets des 8 prairial an XI, art. 15; 28 avril 1816, art. 29, 78) ont aussi, en certains cas, une juridiction d'appel.

Le conseil d'État est à la fois, en matière contentieuse administrative, et tribunal de cassation et tribunal d'appel. Lorsqu'il annule les décisions incompétemment prises des autorités administratives qui ressortissent de sa juridiction, ou qu'il prononce la nullité des actes de ces autorités qui renferment une violation de la loi, le conseil d'État est juge de cassation. Lorsqu'il prononce sur des décisions rendues par des juridictions administratives de première instance, il statue comme juge d'appel.

Le recours le plus ordinaire qui se porte devant le conseil d'État, est celui qui est pris contre les décisions des conseils de préfecture. Ces conseils, dont les *arrêtés* sont de véritables jugements, assimilés, quant à leurs effets, à ceux rendus par les tribunaux ordinaires[1], ne peuvent statuer que lorsqu'un intérêt privé est lésé par un acte administratif, et qu'il s'agit de le juger. Leur juridiction est territoriale : les limites du département en déterminent la circonscription. Elle est de plus exceptionnelle : d'où il suit que la loi a dû déterminer expressément les matières dont ces conseils peuvent connaître; d'où il suit encore que leur compétence doit être restreinte à l'application de l'acte administratif; qu'elle ne s'étend pas aux questions incidentes qui, par leur nature, ne pourraient point être décidées par l'application de cet acte ; qu'enfin ces questions doivent être préalablement décidées par la juridiction ordinaire.

Il est à remarquer, d'un autre côté, qu'il est certains principes de droit commun que la juridiction administrative ne saurait méconnaître impunément. Ainsi les conseils de préfecture ne sauraient juger *ultra petita,* ni statuer sur des demandes dont ils ne sont pas régulièrement saisis. L'observation des formalités substantielles est nécessaire aussi pour la validité de leurs actes.

Les décisions des conseils de préfecture peuvent donc être attaquées, soit pour incompétence, soit pour mal jugé au fond, soit pour vice d'instruction, soit enfin pour violation des formes ou de la loi.

Un recours au conseil d'État peut être pris contre une ordonnance royale ; mais il convient de distinguer. Celles de ces ordonnances qui ont été rendues par le roi, *le conseil d'État entendu,* ne peuvent plus être attaquées ; puisque c'est sur l'avis de ce même conseil qu'elles ont été rendues (*non bis in idem*). Quant aux ordonnances rendues sur propositions ministérielles, elles peuvent être attaquées toutes les fois qu'elles portent atteinte à un droit reconnu, ou qu'elles lèsent des formes établies dans le but de garantir des intérêts. Mais lorsque ces ordonnances ne touchent qu'à de simples

[1] Ils emportent hypothèque et contrainte par corps.

intérêts individuels, et non pas à des droits acquis, alors le recours n'est plus possible.

Les décisions des ministres rendues en matières contentieuses peuvent également être attaquées devant le conseil d'État (décret réglementaire du 11 juin 1806, art. 11).

Le recours direct contre les actes des préfets est admis : 1° contre ceux de ces actes qui seraient attaqués pour incompétence ou pour excès de pouvoir ; 2° contre certaines décisions rendues par les préfets en conseil de préfecture [1] ; 3° contre certaines décisions rendues par les préfets seuls, sans le concours du conseil de préfecture. Dans ces deux dernières espèces les arrêtés préfectoriaux ne peuvent être déférés au conseil d'État que dans les cas spécialement déterminés (voy. par exemple les lois des 21 mars 1831, art. 61; 28 juillet 1824, art. 9 et 10; le décret du 9 brumaire an XIII, art. 5, etc.).

Les décisions et les jugements du conseil royal d'instruction publique sont également portés par voie de recours au conseil d'État (décret du 17 mars 1808, art. 82, 144, et du 15 novembre 1810). Il statue par voie d'appel sur les comptes des économes des collèges, sur les arrêtés pris par des commissions spéciales et temporaires, que des ordonnances peuvent avoir instituées pour l'exécution des conventions diplomatiques (ordonnances des 7 août 1822, 24 janvier 1824). Il connaît des recours contre les décisions des conseils privés des colonies, dans les cas spécialement prévus (ordonnances royales des 21 août 1825, 9 février 1827, 27 août 1828).

Les pourvois dirigés contre les arrêts de la Cour des comptes sont aussi portés au conseil d'État, mais seulement pour violation des

---

[1] Il est un recours contre les actes des préfets en conseil de préfecture qui se porte devant la Cour royale : c'est celui prévu par l'art. 18 de la loi du 2 juillet 1828, sur la formation des listes électorales. Mais ce recours n'est pas un appel : c'est une action directe et principale qui a un effet suspensif.

formes et de la loi (lois des 14 octobre 1790, 16 septembre 1807, art. 17 ; décret du 17 juin 1806).

Enfin, il est un pourvoi devant le conseil d'État qui présente une exception absolument unique : c'est celui réservé en matière de majorats par l'art. 10 du décret du 4 mai 1809.

DES EFFETS DE L'APPEL EN MATIÈRE ADMINISTRATIVE.

Les affaires administratives sont urgentes de leur nature : leur décision doit être rapide ainsi que leur exécution : de là le principe tout opposé à celui consacré pour l'appel par le droit civil : en matière civile, l'appel est suspensif; en matière administrative, il ne l'est pas (art. 3, loi du 22 juillet 1806).

Il est des cas pourtant où l'exécution immédiate aurait des effets pernicieux. Quand il s'agit, par exemple, de démolitions de constructions, si l'on exécutait immédiatement le jugement de première instance, cette exécution pourrait entraîner à des conséquences fâcheuses. Dans ces cas, le conseil d'État peut surseoir à l'exécution pendant un temps qu'il détermine et qu'il peut prolonger jusqu'à la fin du litige. Ce sursis est accordé, soit dans la forme judiciaire, par une ordonnance, soit dans la forme administrative, auquel cas le comité chargé de l'instruction communique la demande à l'autorité administrative compétente et l'engage à accorder le sursis. Cette autorité peut être le conseil d'État lui-même ; mais alors il ne statue pas comme revêtu d'un caractère judiciaire; il statue comme administration.

Un autre effet de l'appel est celui-ci : les ministres décidant certaines affaires en première instance, il se peut que, pour rendre la décision dont est appel, ils aient pris l'avis des comités spéciaux qui sont attachés à leur département. Il est de règle alors que les conseillers qui ont donné leur avis comme membres de ces comités ne peuvent pas prononcer sur le recours formé contre la décision ministérielle rendue sur cet avis. En appel, on ne doit jamais rencontrer le juge qui a condamné en première instance (art. 3, loi du 22 juillet 1806).

Le pourvoi ne profite qu'aux parties dénommées en la requête d'appel (art. 27, *ibid.*).

DES DÉLAIS D'APPEL.

Les arrêtés des conseils de préfecture doivent être attaqués dans le délai de trois mois, à partir de la date de la signification régulière, lorsqu'ils sont contradictoires, et de la date de leur exécution, lorsqu'ils ont été rendus par défaut. Les personnes qui demeurent hors de la France continentale ont, outre le délai de trois mois, ceux réglés par l'art. 72 du Code de procédure civile (art. 13 de la loi du 22 juillet 1806). Ces délais courent, soit qu'on attaque les arrêtés au fond pour mal jugé, ou dans leur forme, ou pour excès de pouvoir, ou pour incompétence. Ils s'appliquent aux personnes morales comme aux simples particuliers.

FIN.

𝓟𝓛𝓐𝓝

DE LA DISSERTATION DE DROIT CIVIL FRANÇAIS.

www.ingramcontent.com/pod-product-compliance
Lightning Source LLC
Chambersburg PA
CBHW050621210326
41521CB00008B/1333